現代の
松下村塾

HSUの挑戦

——開学1年 成果レポート

CHALLENGE

発刊によせて

HSUチェアマン　渡邉和哉《わたなべかずや》

１９５７年東京生まれ。東京都立大学経済学部卒業。大手証券会社を経て、１９９４年に幸福の科学に奉職。理事長、事務局長、活動推進局長、東京指導研修局長、財務局長などを歴任し、２０１５年４月より現職。

２０１５年４月４日、多くの人々の期待を背負ってハッピー・サイエンス・ユニバーシティ（ＨＳＵ）が開学しました。

ＨＳＵは、大川隆法・幸福の科学グループ創始者兼総裁が設立した「現代の松下村塾《しょうかそんじゅく》」であり、「日本発の本格私学」です。いうまでもなく、大川総裁は30年前の１９８６年に幸福の科学を立宗され、現在に至るまでに２４００回を超える説法をされ、２０００冊を超える書物を著《あらわ》し、その教えは世界１００カ国以上に広がっています。

また、国師として日本の政治課題について数多くの提言を重ねつつ、世界教師として人類が向かうべき方向についても具体的に述べています。それだけの実績を重ねた大川総裁が、「**日本の国を再創造し、もう一度の発展をつくる**」と同時に、「**世界のリーダーとして、世界を発展させるための礎**《いしずえ》**となる**」ことを志して設立されたのがＨＳＵです。

世界情勢が混迷するなか、私たちは、こうした大川総裁の理想を現実のものとするために、「幸福の探究と新文明の創造」を建学の精神として、新しい時代を拓く人材を輩出するために、ＨＳＵを開学いたしました。

最初は、「人間幸福学部」「経営成功学部」「未来産業学部」の３学部でスタートしました。開学２年目の２０１６年４月からは、早くも「未来創造学部」を新設して、４学部体制となります。これで１学年３００名になり、４学年揃えば約１２００人規模の学校となります。私たちの理想にくらべればささやかではありますが、いずれは5～6学部、5000人規模にまで発展させていくつもりです。

今、開学して約1年が経ちました。その間、教職員と学生とが一体となって、「創造性」「チャレンジ精神」「未来へ貢献する心」をキーワードに、理想の教育を目指してきました。

その結果、多くの方々のご協力もあって、英語をはじめとする学力の向上、信仰心の深まり、人格の陶冶《とうや》など、一定の成果を上げることができています。詳しくは本編をお読みいただければと思いますが、目覚めたる新人類、アデプト（目覚めた者）の卵が、着実に育ってきていることを実感しています。

もちろん、大川総裁が目指される「新文明の発信基地」「新しい学問を創造する場」となるには、まだまだ多くの課題が残されています。学生や保護者の皆様、他の大学の教職員の皆様など、多くの方からご批判やアドバイスをいただきつつ、改善に改善を重ねて理想の教育を実現してまいりたいと思います。

新しい時代を拓くには、新しい人材が必要です。新しい時代を切り拓く人材の条件とは、「志と勇気」です。

私たちは新しい教育機関「現代の松下村塾」として、志と勇気に満ち、創造性にあふれ、国際舞台でも教養人として活躍する人材を世に送り出したいと考えています。そうすることで、国の富を増やし、発展繁栄の未来を創っていきたいのです。

学問の世界におけるニュー・フロンティアを目指した私たちのビッグなチャレンジはこれからも続きます。一人でも多くの方のご理解とご支援を賜れば幸いです。

目次

CHALLENGE

目次

1年の軌跡

001　巻頭レポート

授業に涙を流しながら拍手をする

「『授業の最後に拍手が起こる』ということは、事前に黒川白雲《はくうん》ディーンから聞いていましたが、『そんな馬鹿な話があるか』と思っていました。『そうだとしても最初の一回だけでしょう』と。しかし、4回目か5回目の授業を見たのですが、本当に拍手が起こっていました。もう涙を流しながら拍手をしている方が数多くいたのです。『ちょっと、これは既存の大学では考えられないようなことが起きているな』という感想を持ちました」

２０１５年５月22日、大川真輝・幸福の科学理事兼総裁室長代理兼ＨＳＵ教学補強担当（当時）は、ハッピー・サイエンス・ユニバーシティ（ＨＳＵ）の授業を視察した感想をこう述べた。

実際、全学部生が1年次に必修で受ける「創立者の精神を学ぶⅠ、Ⅱ」や「基礎教学Ａ、Ｂ」な

001
巻頭レポート

HSU開学

どの授業では、拍手は日常の風景となっている。とりわけHSUの中心的施設であるピラミッド型礼拝堂で行われる授業では、厳《おごそ》かで静謐《せいひつ》な雰囲気のためか、涙を流す学生が多い。

HSUでは前期と後期の年2回、すべての授業について授業評価アンケートを実施しているが、「この授業を後輩に勧めたいか」という質問に対し、5段階評価で全学平均4・44となった（後期、回答数2954）。一般の大学の授業評価アンケートは3・8以上あれば上出来といわれるため、1年目としては順調なスタートを切ることができたといえる。

新しい大学では新しい学問を

しかし、開学に到るまでの道のりは決して平坦ではなかった。

幸福の科学大学の設立構想は、２００７年から

申請に先立って建設が進められた
幸福の科学大学の校舎。
事前に基準を満たした校舎を建設
しないと認可が下りない仕組みに
なっている。

本格的に固められ、具体的なカリキュラムを詰めると同時に、幸福の科学の研修施設・千葉正心館の隣接地に、大学キャンパス用の土地も用意している。当時は、九十九里浜沿いにある広大な原っぱにすぎなかったが、大学設置認可申請の諸手続きを進める一方で、校舎などの建物の建設が進められた。

新しい大学のコンセプトは、キリスト教系大学の神学部や高野山大学のような宗教系の大学でありながら、現代性・実用性も併せ持つイメージで固められた。「英語や実学もできる宗教的人格の養成」といった方向である。

また、研究分野が細分化し、文献学・訓詁《くんこ》学化してしまった既存の学問の反省を踏まえ、「幸福」「成功」「未来」といったキーワードで諸学を整理・統合した新しい学問の研究も志向された。現在の「人間幸福学部」「経営成功学部」「未来産業学部」「未来創造学部」といった学部名は、その考え方を反

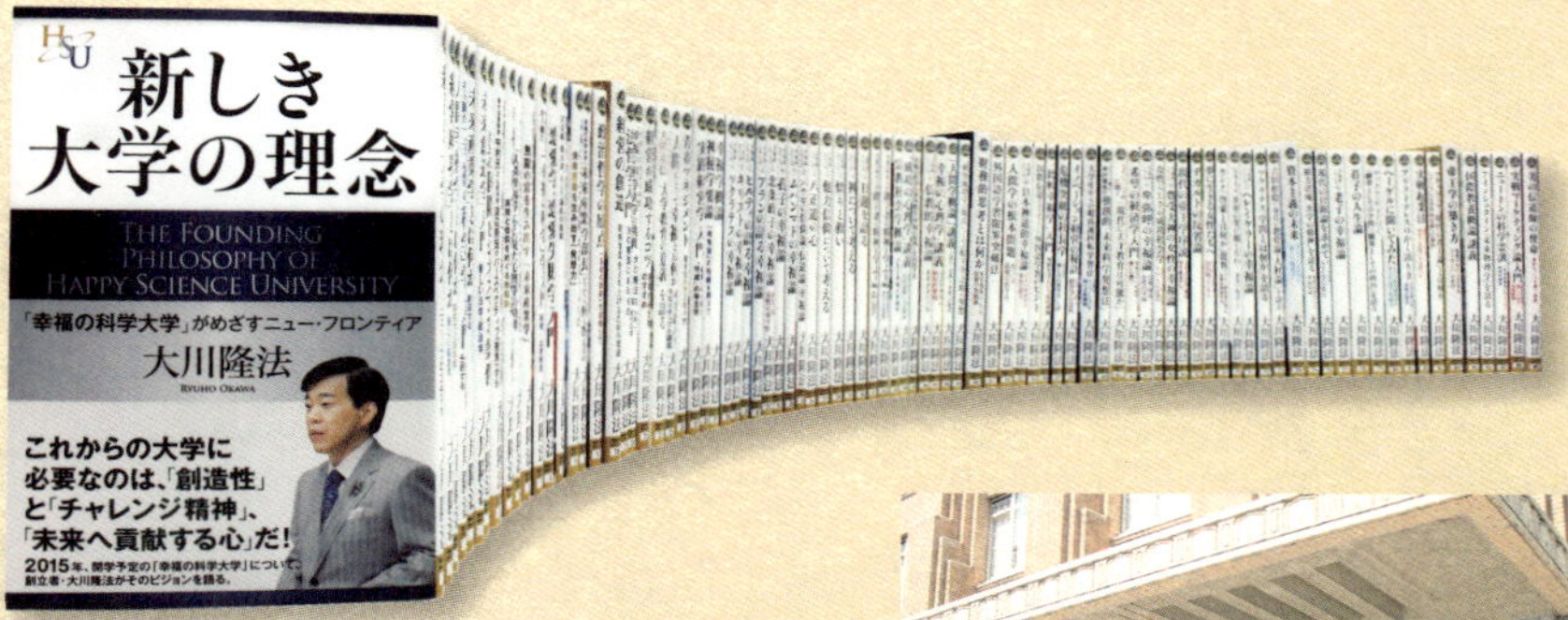

▲開学に先行して、大川隆法総裁はテキストとして「幸福の科学 大学シリーズ」を多数刊行。

幸福の科学大学の設置申請に対して、不認可の判断を下した文科省▶

映したものだ。

開学までの険しい道のり

しかし、２０１４年10月末、幸福の科学大学の設置申請は不認可となる。「科学的合理性が立証できていない霊言を教育の根底に据えた」ことがその理由であった。しかし、2年半にわたって60回近く文科省担当官と打ち合わせを重ね、審議会の審査意見を受けて2度の補正申請をしたが、その間、霊言の妥当性についての指摘は一度もなく、そもそも申請書類には霊言の言葉は使われていなかった。

幸福の科学学園・大学準備室は、文科省による教義への干渉は憲法違反だとの趣旨で異議申し立てを行ったが、不認可の判断は覆《くつがえ》ることはなかった。しかも、5年間認可されないというペナルティを課せられたため、大学として国に認められるに

開学直前の２月23日、創立者の大川隆法総裁は
出来上がったばかりの校舎をご視察された。▶

▲HSUプリンシパル九鬼一

◀松下村塾は、幕府や藩からの認可のない私塾だったが、
数多くの維新の志士や明治政府の元勲を輩出した。

は、早くても２０２１年度まで待たなければならない。大学設立をあきらめるかどうかの判断を迫られた。

「創立者である大川隆法総裁の教育改革に対する強い情熱のもと、すでに多くの心ある方の寄付を頂いて土地も建物もできていましたし、入学を心待ちにしている学生も大勢いました。新しい教育に情熱を燃やす教員の方々もいました。そうした人たちの期待を裏切るわけにはいきません。そこで、次回の大学申請も念頭に置きつつ、私塾というかたちではありますが、仏法真理に基づく理想の大学教育のあるべき姿を実現すべく開学に踏み切りました」（九鬼《くき》一《はじめ》プリンシパル）

こうして幸福の科学大学は、「ハッピー・サイエンス・ユニバーシティ」（ＨＳＵ）という名の高等宗教研究機関として、予定通り２０１５年４月に開学することになった。

2010年に開学した幸福の科学学園・那須本校。中学チアダンス部が世界大会で優勝したほか、東大や京大、早慶といった難関大学への合格者も多数輩出するなど、早くも進学校としての実績を積んでいる。

現代の松《しょう》下《か》村《そん》塾《じゅく》

ＨＳＵ開学の知らせは、関係者に好意的に受け止められた。たとえば、幸福の科学学園・那須本校。同校では、多くの高３生が幸福の科学大学への進学を希望しており、不認可の知らせを受けたときは、ショックのあまり泣き崩れた生徒も多かった。しかし、ＨＳＵ開学の知らせを受けると、喜びのあまり歓声が上がったという。

実際に、同校からは、浪人生らも含めて１１５名もの生徒がＨＳＵに入学した。東大・京大・早大など、有名校に合格していた生徒たちもいる。なかには、ほかの大学に一度は入学していながら、わざわざ中退してＨＳＵに進学した人もいる。私塾という位置づけということもあり、ある程度の学生が他大学に流れると予想されたが、蓋を開けてみれば、２４０名の定員を上回る２６０名が入学するこ

HSUの学生寮。全室個室のため、学業にも専念できる。玄関はオートロックなので、原則、寮生以外は入館できない。

とになった。多くの大学が定員割れで苦しむなかにあって、瞠目《どうもく》すべき成果だ。

教員についても、ほかの大学で実績を積んだベテランの学者も大勢いたが、HSUの教育方針に共鳴していた多くの教員が、予定通りに着任した。

政府から1円の補助金も受けない初の本格私学、「現代の松下村塾《しょうかそんじゅく》」としてのHSUは、こうして産声を上げた。

まったく新しい観点からの教育改革

HSUの1年生は原則、入寮を勧めているため(2年からは希望者のみ)、3月末には学生がすでに学生寮での生活をスタートさせていた。

寮は6畳の個室で、机、本棚、ベッド、冷蔵庫、クローゼットが備えつけられている（一般個室の場

①信仰生活の中心となる礼拝堂。　②礼拝堂の天井中央。　③④良書を厳選して収蔵した図書館。
⑤地域住民も利用できるカフェテリア。

合。特別室には風呂・トイレ付）。共有設備としては、トイレ、風呂、シャワー、ランドリー、キッチンがあり、門限は23時である。ハウスマスターとハウスミストレスが住み込みで生活全般のケアを担当する。

食事は、カフェテリアで一日3食提供される。コンビニエンスストアも隣接しているほか、近隣のスーパーマーケットへ買い物に行けるようにシャトルバスを毎日運行している。

校舎棟は、３００人収容のピラミッド型礼拝堂を中心に、講義室や演習室がぐるりと取り囲むかたちになっている。礼拝堂の真下には10万冊を収蔵できる図書館が配置されている。

４月４日の第一回入学式は、１５００人を収容できる体育館を兼ねた講堂で行われた。渡邉《わたなべ》和哉《かずや》チェアマンの挨拶と九鬼プリンシパルの式辞を経て、創立者である大川隆法総裁から、「ニュー・フロンティアを目指して」と題する法話と質疑応答が行

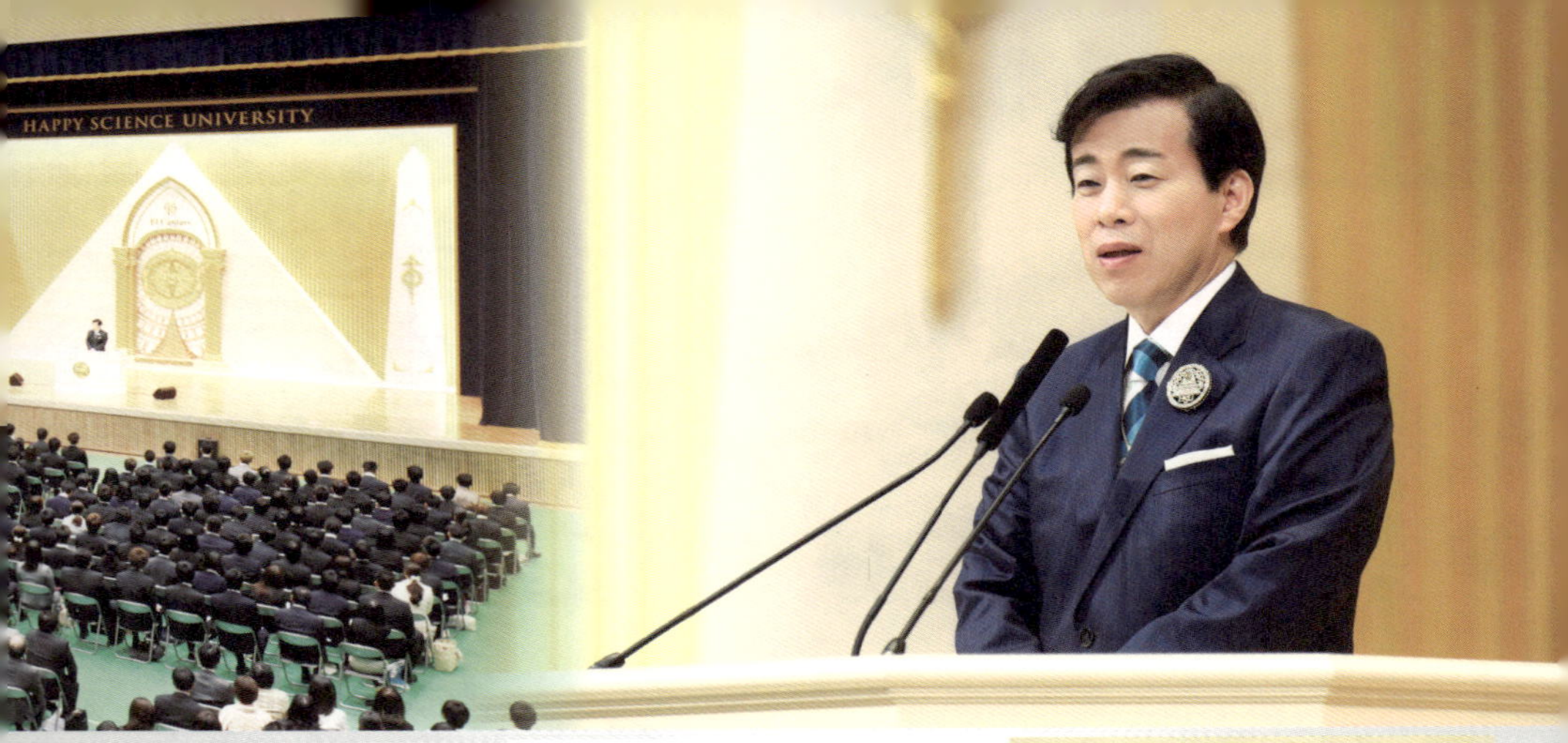

▲
法話「ニュー・フロンティアを目指して」において、長生キャンパスで「5千人規模の大学までつくれる」と将来構想を語る大川総裁。

われた。

「まったく新しい観点から教育改革を、あるいは教育革命を起こすことが大事だというように考えています。とにかくどの分野でもよろしいですから、世界一のものをつくろうではありませんか。皆様方にいうだけではない。教職員も一緒にやります。ここは、教職員が教えて、学生が一方的に聴いて、そして単位を取って卒業して、就職する学校ではありません。そうではなく、未来を創り出すところなのです」

1年で急成長する学生たち

大川総裁による呼びかけに、俄然《がぜん》奮い立った学生と教職員たちによる〝教育革命〟の日々は始まった。その詳細は、各学部のレポートで紹介するが、ほかの大学では見られないHSU独自のカルチャー

がでていった。

礼拝堂で行われる「朝の祈り」と「夕べの祈り」を中心とした信仰生活を基軸に、理想の教育を目指す教職員と、大きな夢の実現に向けて研鑽《けんさん》に励む学生たちの濃密な交流は、さまざまな化学変化をもたらした。

ある非常勤講師は、実際に授業をしたら、想像以上に学生が優秀だったため、専任教員に転じる決意をした（69ページ参照）。ハーバード大に在籍した経験を持つあるプロフェッサーは、「ＨＳＵではすでにアメリカの一流大学レベルの授業をしている」と評価した（70ページ参照）。

キャンパス内を行き来するわずかな時間も活用しようと、二宮尊徳ばりに歩きながら英語の勉強に励む学生の姿が見られるようになった。わずか１～２カ月でＴＯＥＩＣのスコアを２００点、３００点上げる学生も珍しくない。９００点を超える

▲地域の行事にたびたび出演している、ジャズダンス部「グラン・エール」。長生村から開学祝いに「さざれ石」が寄贈されたり、地元業者がHSU祭に出店したりと、地域との交流は活発だ。

学生も続出している。全１年生が必須で受けたＴＯＥＩＣの平均点は、全国の大学１年生の平均より70点高く、大学４年生の平均に匹敵するスコアだった。

図書の年間貸し出し冊数は、学生一人当たり70冊を超える見通しだが、これは全国の大学のベスト５に入る数字だ。

サークル活動にも熱心に取り組んでいる。最初の１年で、すでに30を超えるサークルが誕生しており、地域と交流したり、興味関心の分野を広げたりしている（１０２ページ参照）。

対外的な活動も活発だ。７月には、幸福の科学学園那須本校のチアダンス部ＯＧを中心に結成されたジャズダンス部「グラン・エール」は、茂原《もばら》市の「第61回茂原七夕まつり」に出演。そのレベルの高さから、その後も要請を受け、村のイベントなどに出演を重ねている。

▲HSU祭の様子。
フラッシュモブ（サプライズダンス）に観衆も沸いた。
◀「ミス＆ミスターHSUコンテスト」を開催し、大きな感動を呼んだ。

11月4日には、地元の長生《ちょうせい》村が活性化するための提言書を学生が提出し、村の幹部陣に向けてプレゼンを行った。

同月14日、15日には同校初の学園祭である「HSU祭」が行われた。1年生だけの学園祭ということもあり、ノウハウの蓄積がまったくないなかでの運営となったが、地元の人や遠方からも多くの来場があり、大盛況となった。

また、未来産業学部の学生は、11月に行われた「プラズマ・核融合学会第32回年会」で「プラズマによる植物の生長促進」をテーマにしたポスター発表を行った。学部1年生による学会発表は異例だが、指導教員によれば、3月末、「第63回応用物理学会春季学術講演会」でも6名の学生の発表が決まっているという。

内外の一流講師による特別講義や授業も充実している。5月には大川真輝・幸福の科学理事（当時）

▲
10月19日には、創立者2400回目の説法がピラミッド型礼拝堂で行われた。

講話「HSU生としての学習作法」は大講義室で行われた。▶

が講話「HSU生としての学習作法」を行い、HSUの特徴を客観的に分析した上で、学生時代の過ごし方や勉強時間の確保の仕方など、具体的なアドバイスを行った。

10月には、大川総裁による特別授業「新時代に向けての『美』の探究」が行われ、哲学における美の限界と宗教における美の探究のあり方について明らかにされた。

先述の学園祭では、評論家の日下公人《くさかきみんど》氏やTVドラマ「ナポレオンの村」のモデルとなった高野誠《じょう》鮮《せん》氏といったゲストによる講演も行われている。

学生たちの成長が最大の成果

しかし、開学1年を経て、HSUにおける最も大きな成果は学生の変化だ。不認可となった学校に進学するという決断、信仰生活を通じた自己観照、

授業で出される課題やレポートへの取り組み、上級生がいないなかでの寮生活や手探りの学園祭――こうした経験を経て、多くの学生が、新たな夢を描き、真実の自分と向き合うようになった。両親への感謝を深めた人もいれば、学問の大切さに目覚めて猛勉強をはじめた人もいる。内向きの性格を外向きに変えた人もいれば、荒《すさ》んでいた人が内省的に転じたケースもある。宗教家や企業家、研究者など、すでに固まった夢に向かって具体的な一歩を踏み出した人も少なくない。

「人類の未来のために何ができるか」。ＨＳＵ生は、そんなセリフを臆することなく口に出す。ここでは誰もその夢を笑ったりしないからだ。それどころか、教職員は全力で支援し、学友たちは全力で励ます。そんな光景がごく普通になっていることが、ＨＳＵの最大の魅力であり、成果であるといえよう。

002 創立者紹介

建学に込められた創立者の願い

「幸福の科学」を設立より率いてきた大川隆法総裁は、ハッピー・サイエンス・ユニバーシティ（HSU）の創立者でもある。

大川総裁は、1986年、「幸福の科学」を設立。2016年には立宗30周年を迎え、信者は世界100カ国以上に広がっている。

その発展の原動力となっているのが、大川総裁の説く教えだ。著作の発刊点数は全世界で2000書を超え、その内容は、宗教、哲学、政治、経済、国際問題、科学、文化に至るまで、多岐にわたっている。

大学構想の核であり、HSUの学びの重要な礎《いしずえ》となっている「幸福の科学 大学シリーズ」も、90書にのぼる（132ページ参照）。

ここでは、大学構想段階から本学に込められてきた創立者の願いを紹介したい。それは、学校という枠組みをはるかに超え、人類の未来を見据えている。

「国際社会で通用する学問」をつくる

幸福の科学は、新しい宗教であるがゆえに、内容が吟味《ぎんみ》され、洗練されるため、現代の競争社会のなかで生き残れる条件を十分に持っています。特に、「国際社会で通用する宗教である」というところには自信を持っています。

したがって、幸福の科学大学では、国際社会で通用する学問をつくるつもりですし、学問の場において、ソクラテス的な意味での、本当の「真理の探究」をしてみたいと考えています。

（『教育の使命』第5章「幸福の科学大学と未来社会」より）

世界の尊敬を集める知の殿堂へ

ＨＳＵ（ハッピー・サイエンス・ユニバーシティ）は、万学の祖ともいわれた哲学者アリストテレスも強力に指導している高度に知的な研究機関である。これが「大学」でなくて一体世界のどこに大学があるというのだろうか。

私たちはＨＳＵがプラトンの「アカデメイア」やアリストテレスの「リュケイオン」という学園を超える存在だと信じている。世界の人々が「日本の知の殿堂」として尊敬してやまないものができると考えている。

（『アリストテレスはかく語りき』まえがきより）

日本と世界の未来を創造する

太平洋を見渡せる千葉県の九十九里浜の宏大な敷地に、「幸福の科学大学」が建ち上がってきた。来年（編集注：二〇一五年）開校の予定である。輝くばかりのピラミッド型大講堂を中心に展開されるこの大学が、日本と世界の学校教育に一大革命を起こす予定である。

学問の出発点は「志」である。「使命感」である。「熱意」である。そして「責任感」でもある。「幸福の科学大学」では、教職員と学生が一体になって、日本と世界の未来を創造するつもりだ。ここから新しい希望の時代が始まるのだ。

日本の命運がかかっていると言っても過言ではあるまい。

（『究極の国家成長戦略としての「幸福の科学大学の挑戦」』まえがきより）

人類の理想を見据えて

私は、宗教法人・幸福の科学の形成してきた知識体系は、新しき大学の創立理念を樹立する上で十分なものだと考える。しかも、その内容は、世界的にみても、全く斬新なものであり、大学の持つ社会的な機能を大いに前進させるものだと考える。日本にも外国にも、どこにもないユニークな大学であると同時に、時代が求め、未来の大学のリーダーともなりうるものをぜひとも開学したいと考えている。

本学の成功は、人類の理想とも合一するものと信じている。

（『新しき大学の理念』あとがきより）

ハッピー・サイエンス・ユニバーシティ校歌 ——

作詞　大川隆法
作曲　大川隆法
作詞　☆霊指導　トス神
作曲　☆霊指導　トス神、ラ・ムー

『輝《かがや》いて』

一、今《いま》の君《きみ》は輝《かがや》いて　大海原《おおうなばら》の
朝《あさ》の日《ひ》の　ときめきの生命《いのち》
燃《も》え出《い》でて　果《は》てなき世界《せかい》を
照《て》らし出《だ》す

ピラミッドの夢《ゆめ》は永遠《えいえん》に
未来《みらい》の誓《ちか》い照《て》らし出《だ》す
ああ　輝《かがや》いて　輝《かがや》いて
宇宙《うちゅう》の闇《やみ》を打《う》ち砕《くだ》かん
ゆけ　ハッピー・サイエンス・ユニバーシティ
無限《むげん》の使命《しめい》をにないつくして
どこまでも輝《かがや》いてゆけ

二、明日《あす》の君《きみ》は輝《かがや》いて　水平線《すいへいせん》の
向《む》こうの国《くに》の　めくるめく天使《てんし》
悟《さと》りかかげて　無明《むみょう》の闇夜《やみよ》を
照《て》らし出《だ》す

智慧《ちえ》の光《ひかり》は限《かぎ》りなく
世界《せかい》の苦《くる》しみ悲《かな》しみを
ああ　輝《かがや》いて　輝《かがや》いて
地球《ちきゅう》の果《は》てまで追《お》い払《はら》う
立《た》て　ハッピー・サイエンス・ユニバーシティ
救《すく》え　愛《あい》のミッションをたずさえて
ユートピア実現《じつげん》を願《ねが》い抜《ぬ》け

（END）

003 宗教教育

仏法真理を学び「人間として成長できる」

HSUの中核となる宗教教育

ハッピー・サイエンス・ユニバーシティ（HSU）のピラミッド型礼拝堂は、「朝の瞑想」から始まる。1限と2限の間には「朝の祈り」があり、公案[※1]参究もする。5限後は「夕べの祈り」があり、導師の言葉にしたがって一日を反省する。いずれも自由参加だが、「毎日瞑想やお祈りに参加しよう」と戒[※2]を立て、努力する学生も珍しくない。

また、全国の幸福の科学施設で行われている「七の日感謝式典」や「御法話拝聴会」も開催している。

これらも自由参加だが、HSUでは、宗教的人格を練り上げる機会が数多く用意されている。なぜ、HSUでは宗教教育を重視するのだろうか。人間幸福学部の金子一之《かずゆき》プロフェッサーは次のように語る。

※1 公案とは禅の修行で悟りに導くために示す問題。

『人間として成長できる』からです。実際にこの1年で『仏法真理を学んで変わることができた』という学生を何人も見ています」

教学の環境も整っている。寮の全室には、90冊にのぼる「幸福の科学 大学シリーズ」（本書132ページ参照）が常備されている。図書館には、創立者・大川隆法総裁の全著書が揃えられており、法話を拝聴するためのブースも並ぶ。

授業も充実している。1年次は全学部生が必修で「創立者の精神を学ぶⅠ、Ⅱ」「基礎教学A、B」を履修し、仏法真理の基礎を学ぶ。好きな授業を尋ねてみると、学部を問わず、この4科目を挙げる学生が多い。「創立者の精神を学ぶⅡ」に至っては、後期末に行われたアンケートで「この授業を後輩に勧めたいか」という問いに対し、5点満点中平均4．93点、4．84点、4．82点と、HSU内でもトップに食い込む高評価のクラスもあった（本授業は、複数のクラスに分かれて行われる）。感動して涙を流す学生が多いのもこの授業で、授業後にあがる拍手の迫力も一段違う。

また、教学科目以外の授業でも、幸福の科学教学をベースにしているものが多い。たとえば、哲学や思想なら「既存の哲学に対し、人間を本当に幸福にするための哲学とはどうあるべきか」を論ずるし、経済学なら「神仏の願われる経済的成功はどうあるべきか」を論ずる。理系でも「幸福な未来社会を創るために必要な発明とは何か」という観点から授業が行われる。

また、キャンパスでの教員との対話、寮生活での学友との交流も、人間的な成長の機会となっている。ここでは2名のHSU生に、自らの「宗教教育体験」を語ってもらった。

※2 修行者が自主的に決めて守ろうとする戒めのこと。

体験談 1

自分を信じ、大きな夢を描けるように！

武本真季さん（経営成功学部2年）

幸福の科学教学の授業

HSUに入学してから久しぶりに高校時代の友達と電話をしていると「変わったね！」と驚かれます。将来の夢や、哲学、宗教の話をするなんて、遊んでばかりだった高校時代の私からは考えられないからです。

◆◆◆

HSUでは、幸福の科学教学を習う授業があります。授業はとてもわかりやすく、いつも楽しみにしていました。授業の最後には毎週、「リアクションペーパー」といって、講師への要望や質問を書く時間があり、翌週の授業で全員の質問に対する回答が配布されます。丁寧に答えてくださるので、色々な疑問を解消できました。

入学したばかりの頃、授業中にショックを受けたことがありました。それは、ディスカッションでのこと。ほかの学生たちは、信仰のこと、教養、将来の夢などを堂々と語っていました。けれども私には話せることがなくて、「こんなに自分は空っぽなの？　同じ年齢なのに、どうしてこんなに違うんだろう」と劣等感が湧いたのです。その後、

「どうしてもみんなについていけるようになりたい」と思い、特に力を入れて経典を読むようになりました。

夢を描けなかった理由

HSUには「クラス担任」の教員がいて、勉強や生活の悩みなどのケアをしてくれる制度があります。あるとき、担任から将来の目標を聞かれたのですが、私は答えられずにいました。すると、「本当はやりたいことがあるんじゃないの？　武本さんはもっともっとできるんだよ」といってくれました。

それを聞いて、ハッとしました。私は、「人より才能があるわけじゃないから、自分なんかには無理だろう」と思い込んでいたのです。担任は、私の可能性を信じる言葉をたくさんかけてくれました。

私は、幸福の科学教学で習った、「与えられている愛を発見する」ことに取り組んでみました。小さい頃から、両親や色々な人にしてもらったことを一つひとつ思い返してみたのです。

すると、私がどれほど多くの愛に生かされているかが見えてきました。親には「頑張ってもほめてくれない」など不満に思ったこともありますが、父も母も私の成長をひたすら願ってずっと支えてくれていたと気づいたのです。同時に、「主エル・カンターレは、私という個性をそのまま愛してくださっているんだ」と感じました。

私は「もっと素直な心で主を信じよう」と決意しました。次第に「私にも

できる」という思いが湧き上がってきたのです。

私の夢は、海外でファッションの仕事に就くことです。高校生の頃からあきらめていたその夢のために、まずは英語の勉強に真剣に取り組みはじめました。すると、TOEICの点数は、1年生のうちに130点上がりました。

父への感謝を伝えたい

11月のHSU祭で、私は英語でスピーチをするコンテスト「ザ・ゴールデン・スター」に出場し、信仰を通じて学んだことを発表しました。聴衆のなかには、父の姿もありました。将来の夢と父への感謝を一生懸命伝えると、父は、私の成長をわがことのように喜んでくれました。

私がこんなに変われたのは、HSUのおかげです。この素晴らしい学びの場を与えてくださった大川隆法総裁先生に心から感謝いたします。

武本真季さんのお父様・勝美さんより

娘がHSUに入学して一番の変化は、「何事にも、自信を持って行動するようになったこと」です。

高校生の頃までは周りに流されてばかりで、「自分」というものを持っていないように感じていました。しかし、去年の学園祭で、娘が自信を持ち前向きに進んでいる姿を目にして、とても驚きました。そして何よりも、スピーチのなかで「父さんをとても誇りに思っている」といってくれて、涙があふれて止まりませんでした。一緒に暮らしていたときは、互いの存在が当たり前になっていたかもしれません。しかし、娘はHSUに入学し、心の教えを学んで、はじめて感謝の想いを伝えてくれたのです。

HSUは、勉学だけではなく、人としての正しい歩み方までも教えてくださる素晴らしい学びの場です。娘を入学させてよかったと強く感じています。主エル・カンターレの愛のお導きと教員の方々の熱心なご指導に深く感謝しています。

体験談2

感謝でいっぱいの自分になれた

守田真輝さん（経営成功学部2年）

はじめて大川隆法総裁先生にお会いする

私がHSUに入学しようと決意したのは、高3の大学受験シーズン真っ只中でした。行きたかった大学がすべて不合格になって途方に暮れていたとき、インターネット上でHSUの学校案内に目がとまり、興味を持ったのです。

◆◆◆

入学式には、出来たばかりの講堂で大川総裁が説法してくださいました。大川総裁が登壇されると、空気が変わるのを感じました。拝聴しているうち、「入学したからには、信仰と真剣に向き合おう。幸福の科学の教えを真剣に学んでみよう」という思いが湧いてきました。

授業では、教員の方々の熱意が伝わってくるので、真剣に臨みました。部活ばかりでまじめに勉強しなかった高校時代とは、大違いです。

HSUに入学してびっくりしたことは、「すごい人が多い」ということです。伝道を当たり前のようにしている人。つらいことがあっても、いつも周りを明るくしてくれる人。大きな理想を持っている人。同じ18年間を生きても、仏法真理を学んできた人は違うと実感しました。

同時に、「サッカー一本でやってきた自分とはどこか違うな」とギャップも感じていました。そのせいか、ノリが合わない人を言葉で傷つけてしまったこともあり、戸惑うことがあると、体育教員の方に話を聞いてもらっていました。

仏法真理の魅力に気づいた

九月の終わり頃、ふと思いつき、経典『永遠の仏陀』を手に取ったときのことです。

経典を開くと、主が弟子に直接語りかけるような言葉が並んでいました。まるで、「読んでいる」というより、「聴いている」という感じでした。いい表しようのない感動がありました。

この一冊がきっかけとなって、次々と経典を読むようになりました。教えに照らして今までの経験をふりかえると、「あのときはこう考えればよかったのか」と、色々な発見があるのです。

次第に、自分がこれまで、どれほどたくさんの愛を与えられながら生きていたかを実感するようになりました。受験で苦しかったときも、両親、友達、そして学校の先生も、いつも自分を支え、気遣い、励ましてくれていたのです。「信仰心が生まれると、考え方がすべて変わりはじめる」と実感しました。周りからは、「話しやすくなった」「穏やかになったね」といわれました。

「絶対に主にお返ししたい」

10月、総裁先生がHSUに来られ、ピラミッド型礼拝堂で説法をしてくださいました。深い感謝の気持ちが湧いてきて、「こんな自分でも入学させてくださったんだから、絶対お返ししなきゃいけない」と強く思いました。

僕は、悩んでいる人をほうっておけない性格なので、HSUでたくさん学び、苦しんでいる人を助けられるような器のでかい人間になりたいと思っています。

◆◆◆

守田真輝さんのお母様・幸美さんより

息子が受験で荒れていたときは、「息子の本心からの願い、志が叶えられますように。果たすべき人生計画を成就できますように」と、ただ祈るだけでした。HSUに入ってからの息子は、見違えるほど心穏やかになったと思います。

まず、「ありがとう」という言葉がよく出るようになりました。以前は言葉が強すぎるところがありましたが、今は、相手を気遣う優しさを出せるようになったようです。

また、高校までは「学校の授業がいや」といつもいっていたのに、今ではうれしそうにHSUの授業の話をしてくれます。特に、仏法真理を学べるのがうれしいようで、課題レポートを書くのも「楽しい」というから驚きです。

主がお与えくださったHSUとは、一人ひとりの魂を開花させる学校だと確信しています。

004　語学教育

世界で活躍するために

語学学習に熱心なＨＳＵ生

ハッピー・サイエンス・ユニバーシティ（ＨＳＵ）構内では、英語教材を読みふける学生を頻繁に見かける。図書館、国際交流ラウンジ、授業の合間の廊下。難しい顔をして立志門の下を歩きながらリスニングしている人もいる。カフェテリアのソファで騒いでいる派手な髪型の男子学生の手元にも、よく見れば読み込んでボロボロになった英語教材が開かれている。

語学教育への熱心な取り組みは、ＨＳＵの大きな特徴だ。年２回のＴＯＥＩＣ受験はどの学部であっても必須で、卒業時までに７３０点以上取得を目指す。人間幸福学部の「国際コース」の場合は９００点以上が目標だ。

平日の夜に開かれるＴＯＥＩＣ対策講座は、単位にならない課外授業にもかかわらず、一学年２

60名中130名ほどが参加するなど、学生の意欲も高い。松本泰典《やすのり》プロフェッサーはこう語る。

「TOEICのスコアは到達度の指標として目指していますが、HSUで重視していることはあくまでも『**使える英語**』。学生たちの目標は、プロの国際伝道師や国際ビジネスマンになることなので、**人前で意見を発信し、議論できる**ことは必須です。教養を深め、コミュニケーション能力やプレゼンスキル、ディベートスキルなど、仕事に直結する能力も同時に磨いています」

誰もが国際教養人を目指せる環境

1年次の語学授業は「リスニング&リーディング」「スピーキング」「エクステンシブ・リーディング」「ライティング」の4科目が必修で、学生のレベルに合わせてそれぞれ基礎、初級、中級、上級の4段階にクラスを分けている。

ある女子学生はTOEIC400点台で初級クラスだったが、800点を目指して、一日に3時間英語を勉強しているという。

「私が勉強する意味っていうのは、将来いろんな人の役に立つとか、世界に貢献するため。自分のためにやっていたときはあまり続かなかったけれども、世界のために英語を頑張るんだと思うと、勉強が継続できるようになりました」

その結果、彼女のスコアは約1ヵ月で230点もアップ。惜しくも800点には届かなかったが、次は悔しさをバネに850点を目指すという。ほかにも、わずか半年あまりで300点以上伸ばした学生が6人、100点以上なら70人以上に及ぶ。900点をマークす

▼松本泰典プロフェッサー

る学生も続々と誕生している。２０１６年１月時点で全員受験のＨＳＵ生の平均点は、自由参加で受験している全国の大学４年生の平均点に匹敵する（２０１５年度６月時点では、全国の大学１年生の平均点相当だった）。

２年次以降は「上級英語科目」として、「宗教英語」「英書講読」「ビジネス英語」「黒帯英語」など、より実践的な英語を学ぶ。また、「第二外国語」は「中国語」「スペイン語」「ポルトガル語」「フランス語」「ロシア語」「ドイツ語」を選択・履修できる。

ＨＳＵにはネイティブ教員も多く、いずれも、大学やビジネス系英会話学校で教鞭《きょうべん》をとっていたプロ中のプロだ。

教員たちは、どんな取り組みをしているのだろうか。松本泰典プロフェッサーは語る。

「Teachers speak less. Students speak more. が原則です。教員の方々には、教材や授業方法を自由にトライしてもらっていますが、『**学生主体の授業**』をスタンダードにしています。幸福の科学の信者ではない教員もいますが、熱心に学び、伸びていく学生たちを見て、その信仰心や大川総裁の教えに対するリスペクトを持ってくださっています」

ジェームズ・ドネリー・レクチャラーは、もともと海外の大学や英会話学校で英語教師をしていたが、長生村《ちょうせいむら》にサーフィンに来た際に建設中のＨＳＵを見かけ、教員に応募したという。11月のＨＳＵ祭で行われた英語スピーチコンテスト「ザ・ゴールデン・スター」で、審査員を務めたときのことを、こう振り返る。

「学生たちの成長スピードや信仰心に心を打たれる内容でした。特に、ベーシック（基礎）クラスの子が、パーフェクトなスピーチで聴衆を感動させる姿には、涙が流れました」

2016年度より「国際コース」が始動

人間幸福学部では2年次より、「国際コース」が設けられる。進級時までに原則、TOEIC600点以上取得することが条件だ。

このコースでは、プロフェッショナルの国際教養人を育てる「Global Elite Program」が設けられており、「プレゼン・ディベート特訓」「プロフェッショナル英語スキル」「黒帯英語plus」などを受講する。また、国際関係論や国際政治、歴史観や各地域の宗教・文化・歴史などを学ぶ「国際教養科目群」がある。これらを通して、時事問題や高度なテーマに関しても自由自在に議論でき、重要なことを発信できるレベルを目指す。

HSUの掲げる目標は、「世界で活躍するリーダーを輩出すること」。そのためには当然、仕事能力が抜きん出て、教養にあふれ、人格的にも優れており、それを外国語で発信できる力が求められる。前述の女子学生をはじめ、この学校で多くの学生がかなりの時間を英語に割いているのは、「自分自身が世界のリーダーとなり、幸福や富を弘めていく使命がある」という強い責任感があるからだろう。

参考著書

松本泰典・松本摩耶 共著

『夫婦でTOIEC990点満点対談』

松本泰典 著

『TOIEC990点満点到達法』

木村智重 著

『実戦英語仕事学』

いずれも幸福の科学出版刊

Column

大川総裁の英語教材は向学心の源泉！

大川隆法総裁はこれまで、およそ200冊にのぼる英語教材を執筆しており（2016年３月現在）、HSU生にとって、向学心の源になっているようだ。国際コースの長田元気さんに、話を聴いた。

長田《おさだ》元気《げんき》さん
（人間幸福学部２年）

国際コースの学生が愛読している、語学学習に関する経典の一部。

僕は将来、海外で説法できる宗教家になりたいので、総裁先生の英語教材を最優先で学んでいます。英語の地力を伸ばしたいと思って取り組みはじめたんですけど、内容がすごく面白いんですよ。ニューストピックは時系列になっているから先を読みたくなるし、金融や理系の専門用語や、ダンマパダ（法句経《ほっくぎょう》）など、色々なトピックについて学べる。特に印象的だったのは、ハマトンの『知的生活』に関する内容を英語で取り上げていたものですね。

英語を勉強しているというよりは、英語で情報を取る訓練をしている感じです。総裁先生が、ニュースで注目された“あしあと”を追っている感じ。愛読している『黒帯英語』シリーズは、五段の⑤まで出ていますが（2016 年３月現在）、これからも最新刊を学んでいきます。

Interview 1

「HSU流・語学における天才教育」を確立したい

アソシエイト・プロフェッサー　松本摩《ま》耶《や》

HSUの英語教育は、オーダーメードです。「使える英語」を目指して、一人ひとりに効果のある〝処方箋《しょほうせん》〟をつくります。特に、大川総裁の教材には、英語の妙味《みょうみ》というか、エッセンスのようなものが入っていて、それを学ぶと学生たちは、英語学習の「先」に広がっていく世界を感じられるんですね。また、リスニングやスピーキングの機会を多く取るなどして、海外に留学しなくても留学したくらいの学習効果が出せることを目指しています。

学生がコツコツと勉強を積み上げていくと、格段に英語力がアップするときがあるんです。まるで、〝天上界にある語学の泉〟のようなところにプラグインしたかのように自信がみなぎって、それまで積み上げてきた知識が活きてきて、潜在能力が100%引き出されていく感じになる。このすごさは、信仰心を持って努力している彼らの強みですね。彼らは、目指しているものがすごく高いんです。「ちょっとした会話ができるようになりたい」とかではなくて、「自分たちが英語を頑張ることで世界を変えよう」って本気で思っているから、期待をはるかに上回る成長を見せてくれています。「こんなに伸びるのか」って目を見張るほどです。

また、講師陣もプロの方ばかりですが、新しい教材や授業方法を試したり、勉強会に参加したり、意見を交換しあったりして、力を合わせて新しい語学教育をやろうとしています。

結局、語学を上達させるには色々な勉強法も大事だけど、教える側と教わる側と、HSUを創られた総裁先生の熱意がすべてですね。まさに、学生と教員が一体となって新しい語学教育のかたちをつくっている実感があります。「語学における天才教育」のようなものを確立して、HSU流の語学教育を多くの人にも学んでいただけるようにしたいと思っています。

Interview 2

ランゲージ・プロフェッサー
トレバー・アンダーソン

英語を通じて、「新しいあなた」に出会ってほしい

私はHSUに赴任する前、カナダで移民のためのキャリアプランニングや英語を教える仕事をしていました。「もうすぐマネージャーに昇格で

きる」という頃に、日本にいる幸福の科学の職員さんから、「HSUで講師をしませんか」という打診を受けたのです。

長野県の教育委員会で仕事をしたことや、シカゴ大学などで日本近代史を教えていた経験もあり、以前から「日本の子供たちが国際社会で活躍していくためのサポートがしたい」と思っていたので、家族で日本へ行く決意をしました。

HSUの校舎をはじめて見たときは、こんなに素晴らしい場所で教育に携われるのかと、涙がボロボロあふれました。開学すると、学生たちの「瞳」に感化を受けました。その眼は、私の指導が適切であれば、「僕たちはなんでもチャレンジできるよ」という期待に満ちていたんです。

ただ、受験のための英語をやってきた彼らは最初、私の授業に戸惑っていました。「この文法をやります」などと教えてほしいのに、英語を使う練習ばかりしていたからです。けれども、海外では、『伝える力』がないとまず話を聴いてもらえません。「準備が十分じゃなくても、失敗を恐れずに対話やスピーチにチャレンジしよう」と繰り返し実践するうちに、徐々に、使える英語の楽しさに目覚めていったようでした。

もちろん、苦手意識を持つ学生もいます。そういうときは、彼らの事情や気持ちを理解しつつ、「手を抜いていいよ」とは絶対いわずに、「じゃあ、どうやってやろうか」と、一人ひとりにあわせて相談に乗っています。

英語を勉強する意味は色々あるのですが、一番伝えたいのは、「あなたのなかには、まだ出会っていないあなたがいますよ。そのあなたには、英語でしか連絡が取れない。だから、自分でも想像しなかった素敵なあなたに出会うために、英語をマスターしましょう」ということですね。

Interview 3

「世界中の人を救える自分になりたい」

人間幸福学部2年（国際コース）
森川陽加《はるか》さん

入学したばかりの頃は、「英語は、将来海外に行きたい人がやるもので、自分にはあまり関係ないかな」と、受け身で授業に出ていました。

でも、松本摩耶先生に出会って、ガラッと変わりました。総裁先生が英語に込められている思いとか、摩耶先生の思いとか、色々なことを聴いてすごく感動して、「自分も英語をやりたい！」と思ったんです。それで、ＨＳＵ祭で行われる英語スピーチコンテスト「ザ・ゴールデン・スター」に出ることを決めました。

猛特訓しているうちに、英語が楽しくなってきて、ＴＯＥＩＣの勉強にも力を入れるようになりました。勧めてもらった参考書は全部手に入れて、いい勉強法があると聞いたら実践しました。総裁先生は、「日本にいても、毎日3時間ぐらいやれば、外国にいるのと同じくらいの学力を維持できる」と教えてくださっているので、必ず一日3時間は時間を取るようにしたんです。

自分が努力することで、自分が救える人の幅が日本だけじゃなくてもっと外に広がる。何十倍、何百倍の人を救える。そう思ったら、すごく頑張れました。

それまでの私はやりたいことが多すぎて、力が分散して、なかなか集中できないことが悩みでした。でも、教学科目で習ったことを一つひとつ実践していくと、だんだん余裕が出てきて、勉強に集中できるようになっていったんです。

特に、「創立者の精神を学ぶⅡ」の講義で、「まとまった時間が取れると思わないでください。隙間時間を制した者が勝つんです」というようなことを習ってからは、時間の使い方が変わりました。「時間を取れないことを周りのせいにしないで、隙間時間をつくったらいいんだ」と気づいて、次の日から実践すると、心が楽になりました。「食堂に行くまでの時間はリスニングをする」などと決めて、時間を無駄にしないようにと思うと、一つひとつ、目の前のことに集中してきっちり切り替えられるようになりました。

実は、HSUに進学を決める前、「田舎《いなか》だし、寮に閉じ込められて自由じゃなさそうだな。もっと華やかな大学生活を送りたいな」と思っていたのですが、来てみたら全然イメージと違っていました。自由だし、やりたいことは何でもできるし、教職員の皆さんは尊敬できるし、友人も自分の意見をしっかり持っている人が多くて、最高です。自分の世界が広くなったと感じます。

2年次からは人間幸福学部国際コースに進級して、本格的に国際教養人を目指して勉強していきます。そしていつか、どんな人の悩みでも解決できるくらい、教養や知識があって、総裁先生の名代みたいな宗教家になりたいです。

HSU Face ①

獅子田恵奈さん

（ししだ けいな）

人間幸福学部◆好きな授業は「幸福の科学成功論」。将来はアフリカに学校をつくって、子供たちの純粋な夢を叶える仕事がしたい。

Q.1
なぜHSUを選んだの？

アフリカの子供たちの夢を叶えてあげられるような学校をつくりたくて、それにはＨＳＵが一番だと思ったからです。

Q.2
今、力を入れていることは？

休みの日は自分の足を動かして、友達や近隣の方など、なるべくいろんな人と会うようにしています。たくさんの人の悩みや生き方を知って、もっと自分の器を広げたいです。

Q.3
日々、心がけていることは？

「我以外皆我師」です。また、松岡修造さんのように、熱く！本気で！すべての人が幸福だと思える世界を創るために動きつづけます。

Q.4
HSUに来て、成長したことは？

悩みの内容が変わったことです。高校時代は部活や人間関係の悩みが中心だったけど、ここでは「組織づくりをどうすればいいか」とか「仕事能力はどうしたらつくんだろう」とか、そういう悩みになってきています。幸福の科学の学生部で副学生部長をさせていただいている影響も大きいです。

長生《ちょうせい》村の和太鼓チーム「怒涛《どとう》いなさ太鼓」に入っています！ TOPIC

「怒涛いなさ太鼓」は、色々な地域の行事に出演して地域を盛り上げています。12月には長生村和太鼓コンサート「絆」を開催しました。また、長生村「ながいき元旦祭」では地元の伝統行事として、一松《ひとつまつ》海岸で、日の出に合わせて、波のなかで演奏しました。11月に行われたHSU祭では、ピラミッド型礼拝堂前の大階段で野外演奏を行いました。これからも一生懸命練習して、地域との絆を広げていきたいです。

HSU Face ②

山崎智仁さん
（やまさき とものり）

未来創造学部◆好きな授業は「経済学入門」。吉田松陰のように、信念のために命をかける生き方をしたい。

Q.1
なぜHSUを選んだの？

一昨年、前期だけ他大学に通ったのですが、友達付き合いに流されてしまってあまり勉強時間が取れなかったんです。でも「もっと学びたい」という強い気持ちがあったので、HSUを目指しました。

Q.2
今、力を入れていることは？

読書です。「教養を深めて、自分に力を付けていこう」と思い、入学式前から前期の間、ほぼ毎日図書館に通って、習慣づくりをしました。総裁先生に少しでも近づきたいです。

Q.3
HSUのお気に入りポイントは？

一生付き合える友達と会えたこと。普通、ずっと図書館に通っていたら、「なんでそんな真面目に勉強してるんだ」といわれたりしますよね。でも、ここだと勉強を頑張っていると「すごいじゃん」と受け入れてくれるし、応援してくれるので、助かっています。

Q.4
将来の夢は？

新しい経済思想を打ち立てたいし、新しい政策を立案したい。貿易会社を起業したいし、老後は詩も書きたい。やりたいことがたくさんあります（笑）。

TOPIC 未来創造学部「政治・ジャーナリズム専攻コース」で新しい政治・経済を勉強したい！

最近、ハンナ・アーレントを読んで、その思想にとても感動しました。4月からは未来創造学部に転部して政治・経済を本格的に学びます。今はまだ、ニュースを解釈したり、その善悪を判断したりする智慧が足りないのですが、いずれ自分で判断できるようになりたいです。また、東京キャンパスに行ったら積極的に言論活動などをして、批判に耐えられる力も身につけたいと思っています。

005　人間幸福学部

未来志向の授業で新時代の宗教エリートを輩出

ＨＳＵ創学の理念としての人間幸福学

ハッピー・サイエンス・ユニバーシティ（ＨＳＵ）創立者・大川隆法総裁は、「**人間幸福学部**」を『**経営成功学部**』や『**未来産業学部**』**をも包含している概念**」であり、「**創学の理念**」であると述べている。それだけに、最もＨＳＵらしい学部がこの人間幸福学部だ。

宗教や思想・哲学を重点的に学ぶ「人間幸福コース」と、高度な語学力と国際教養を重点的に身につける「国際コース」の二つがある。

「人間幸福コース」では、ほかの大学でいえば神学部や人文学部に近い科目が用意されているが、幸福の科学教学を土台としてあらゆる分野の学問を「幸福」という観点から統合しようと志している点に特徴がある。黒川白雲《はくうん》バイス・プ

▲黒川白雲バイス・プリンシパル
人間幸福学部の特徴について、「宗教学、哲学、歴史学、文学など、どの分野であろうと、その学びを通して人格の向上につなげられること」と語る。

リンシパル（人間幸福学部ディーン）は次のように語る。

「人間幸福学部は、『個人の幸福』『社会や国家の幸福』の実現に対する使命感を持っています。別の言葉でいえば、『未来志向』ともいえます。他大学の人文系の学問は、過去の文献の研究を中心とし、いわば『訓詁学《くんこ》』に傾いていますが、人間幸福学部では、幸福の科学教学をベースとして現代の諸問題を解決して幸福な未来を創るという『未来に対する責任感』を強く持っているのです」

未来に対する責任感を持っているという点は、同学部に集う学生の特徴でもある。都内の有名私大を卒業してHSUの同学部で学ぶある学生は、次のように語る。

「ある有名私大では、大半の学生は目先のことにしか関心がなく、世の中を変えたいという情熱を持っている人はほとんどいません。しかしここでは、世の中を変えたいという情熱を持っている人が大半で、自分のことにしか関心のない人はほとんどいないように思います」

授業でも、現代の諸問題との切実な関わりが常に強調される。たとえば、学生に人気の科目「神道入門」を担当する内田雄大《ゆうだい》アソシエイト・プロフェッサーは授業の工夫についてこう語る。

「授業は、単に知識だけで終わらず、学生たちにとって日本の未来を切り拓く力となるよう心が

内田雄大アソシエイト・プロフェッサー▶

けています。神道への理解を深めることで学生たちの日本人としての誇りを取り戻したいと思います」

哲学や文学、心理学でも、実用的で未来志向の授業が行われている（56ページ参照）。

学生の自己変革を促す幸福の科学教学

人間幸福学部で最も重視しているのは、「幸福の科学教学」だ。これは、幸福の科学の教えを学問化し、誰でも反復学習し、さまざまなかたちで応用可能なものにしようとするもので、全学部共通の「創立者の精神を学ぶⅠ、Ⅱ」や「基礎教学A、B」を含めて14科目を設置している。これらの多くを必修にしているのは、幸福の科学の僧職者や伝道士といった新時代の宗教エリートを養成するという狙いもある。

その内容は、大川総裁の２０００冊を超える著書を整理し体系化したものである。2年次に履修する「応用教学A」では歴史論や文明論、3年次の「応用教学B」では、霊的人生観や空間論、「応用教学C」では仏教論を学ぶ。さらに「実践教学A」では、実習を交えた説法論を学び、ほかにも「実践教学B」（神秘学）「実践教

テキスト

『HSUテキスト1 創立者の精神を学ぶⅠ』
金子一之 編著

『HSUテキスト2 創立者の精神を学ぶⅡ』
金子一之 編著

『HSUテキスト4 基礎教学A』
金谷昭・今井二朗・金子一之 編著

学C」(反省・瞑想・祈り)など、プロの宗教家になるために欠かせない基礎知識が実践的に学べるようになっている。すでにそのテキストは、授業に先行して次々と刊行されている。

31ページで紹介したように、幸福の科学教学の授業は、学生からの評判が高い。単に「授業が面白い」ということにとどまらず、自己変革の大きなきっかけになったり、新たな使命への目覚めを促したりするケースも多く、それが最も大きな成果だといえる(32ページ、106ページの体験談や各章末のHSUFaceを参照)。

今井二朗プロフェッサーはこう語る。

「幸福の科学教学を実践したら、本当に『悟り』という名の幸福を得られる——それを実証することが、人間幸福学部の使命。学生たちの精進はこれからかもしれませんが、すでに、『自己確信が深まった、自信が得られた』という学生は出てきています」

▲今井二朗プロフェッサー

国際的な視野を持つリーダーを輩出する

「国際コース」については、すでに38ページで詳しく触れたが、人間幸

『HSUテキスト5 幸福学概論』
黒川白雲 編著

『HSUテキスト8 基礎教学B』
今井二朗・金子一之 編著

『HSUテキスト10 教学の深め方』
樅山英俊 編著

いずれもHSU出版会刊

福学部で学ぶことで、幸福の科学教学と、幅広い教養、そして語学力を身につけることができる。

金子一之プロフェッサー▶

金子一之《かずゆき》プロフェッサーはこう述べる。

「大川総裁が説かれる『仏法真理』はこれからの世界を導く思想です。その仏法真理を体得し、国際的視野をもって、個人と社会を幸福に導ける人材を育てることで、まさに、新たな文明においてリーダーとなるべき人材を輩出することができるのです」

また、人間幸福学部では1年次から「基礎演習」というゼミに全員が所属するが、担当教員の一人である松本智治《ともはる》アソシエイト・プロフェッサーはこう語る。

▲松本智治
アソシエイト・プロフェッサー

「信仰を土台としてはいますが、リーダーになっていく人材を輩出する以上、自分の頭で考え、未知の問題にも答えを出す姿勢を身につけなければなりません。考えることをせず、誰かから『結論はこうだよ』と教えてもらうのを待つだけでは、リーダーとはいえないのです。『基礎演習』で学ぶのは、研究の基礎的な方法や

テキスト

『HSUテキスト14 応用教学A』
松本智治 編著

参考著書

『知的幸福整理学』
黒川白雲 著

HSU出版会刊

レポートの書き方などではありますが、それらを通して、『答えのない問題にチャレンジし、自ら答えを出す』というトレーニングを積んでもらっています」

その結果、「基礎演習」の前期の終わりに、各学生が自由なテーマで提出した課題レポートでは、大学の卒論レベルのテーマにチャレンジしている学生も見られたという。

教員たちの研究活動

教員による幸福の科学教学の研究も進んでいる。2015年前期には、黒川白雲、松本泰典《やすのり》、今井二朗、トレバー・アンダーソン、千田要一《ちだよういち》らのプロフェッサーによる共著論文が、アメリカ心理学系の学術書に掲載された※（邦題「幸福の科学教学及び祈りによる健康回復に関する理論的・神学的基礎研究」）。幸福の科学教学や千田プロフェッサーの心療内科医としての見地から、祈りには、信仰心や心境、セルフヘルプの精神、祈願内容、霊的磁場などが重要であることを学術的に論じたもので、唯物論に傾く医学界に一石を投じることになった。

このように、人間幸福学部では、宗教教育による人間性の向上と、語学力の向上と合わせて、着実に成果が現れている。今、教員と学生が一体となって、新たな学問の地平を切り拓こうとしているといえよう。

※「Advances in Psychology Research.Volume104」

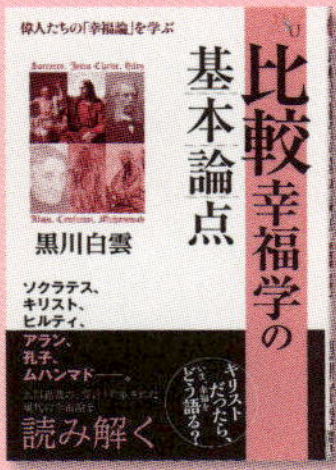

『比較幸福学の基本論点』
黒川白雲 著

『人間とは何か』
黒川白雲 著

『「自分の時代」を生きる』
金子一之 著

いずれも幸福の科学出版刊

Faculty Close-UP

人間幸福学部の魅力 直撃インタビュー

心理学、哲学、文学など、それぞれの専門分野を通して、「人間幸福学」という新たな学問と教育の確立に挑戦をはじめている。教員たちに授業や学生たちの姿について訊いた。

千《ち》田《だ》要《よう》一《いち》

担当科目「心身医学とスピリチュアリティ」「ビジネスパーソンのメンタルヘルス」など

◆HSUプロフェッサー。精神科医、心療内科医、博士（医学）。ハッピースマイルクリニック院長。アメリカ心身医学会学術賞や日本心身医学会第４回池見賞などの学会表彰も数多い。著書に、『幸福感の強い人、弱い人』（幸福の科学出版）など。

HSU生はみな、誠実で心がピュアな上、直観に優れているところがとても印象的です。個性が強く、好奇心旺盛ですが、向上心があり、勤勉で、積極的です。私自身も学生たちから学ぶところが多く、いつもパワーをもらっています。

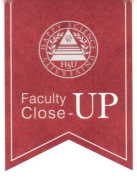

私の講義は心理学、心身医学、精神医学にまたがる内容ですが、すべて幸福の科学教学の観点から再構成し、講義用にオリジナルの教材を一年半かけて作成して臨んでいます。また、授業中には大川総裁の御法話抜粋を上映します。さらに厚みを増すため、関連する映画や書籍を毎回数本ずつ紹介しています。

また、実社会でも使える学びになるよう一般症例を豊富に盛り込み、学生には具体的対策を考えてもらう取り組みをしています。学生同士で議論する機会も多く取ったところ、他人の観点を得られ、立体的な理解となったようです。

2年次からはさらに専門的内容に踏み込みますが、教員から一方的に学ぶだけでなく、学生自ら問題にぶち当たって、解決策を考える授業にしたいと考えています。人の役に立ち、将来的には富を生む、付加価値がある研究を教授していきたいです。それは、一種の「未来学」になろうかと思います。

浅《あさ》岡《おか》夢《ゆめ》二《じ》

担当科目「全学共通ゼミ」「フランス語ⅠA・ⅠB、ⅡA・ⅡB」「現代フランス文学を読む」など
◆HSUプロフェッサー。中央大学法学部准教授。フランス語圏を中心に、精神世界の文献を多数翻訳。翻訳書として『アラン・カルデックの「霊との対話」』（幸福の科学出版）など。

全学共通ゼミでは、学生には毎週、それぞれの興味関心分野に適した本を一冊課題に出し、その内容について各自が三つの論点を持ちより、授業でディスカッションをしています。テーマは、「さまざまな心の問題をいかに救済するか」です。なかでも、ウエイン・ダイアーなど欧米で人気を集めている精神的指導者を取り上げ、具体例として研究しました。「幸福の科学教学を具体的な人生の問題に応用する力」を身につけてほしいからです。そうした内容ゆえ、授業は、学生が自らの悩みを語り合う機会にもなりました。

取り上げる本の内容は、悩み救済の「具体化の例」にすぎません。学生たちには、それをヒントに「幸福の科学教学をいかに具体化して心の救済を行うか」にチャレンジしてほしいのです。

授業では、「長年の悩みが解決できた」という声も聞いていますし、あまり読書に積極的でなかった学生は書店に通うようになったようです。

なお、2年次は、第二外国語のフランス語や現代フランス文学の授業を担当します。
フランス語圏に仏法真理を根付かせるためにも、伝道師にはいかなる教養が必要か、これらの授業を通して伝えたいと思っています。

伊藤淳《いとうじゅん》

担当科目「全学共通ゼミ」「哲学入門」など

◆HSUアソシエイト・プロフェッサー。早稲田大学講師。博士（文学）。専門はドイツ観念論と西洋政治哲学史。主著に『言葉には、なぜ現実を変える力があるのか？』（きこ書房）がある。

「全学共通ゼミ」は教養読書講座をテーマとし、明治維新の偉人をはじめ、過去の文明を創った先人たちの書を読んで頂きました。それも、単なる活字として読むのではなく、「文明を創った先人たちの魂と直接対面するつもりで、一期一会《いちごいちえ》の気迫をもって威儀を正して学ぶ」ということを徹底して指導しました。こうした「真の読書体験」によって、授業が「偉人の魂と学生の魂が出会う場」「偉人の気迫を感じる場」となることが狙いです。そのなかでは、「自分の天命を見出せた」という人もおり、本格的な知的探究心に目覚める一助になったと思っています。

哲学の授業もスタンスは共通しています。「過去の思想を知識として知るだけではなく、自分の頭で実際に考え、哲学者と同じ思考を実体験する」ということです。いずれにせよ、「知のための知」ではなく「自分自身の生きる力」にしなければならないと考えます。

過去だけでなく「未来が見える」哲学史に、宗教史の視点も加え、アクチュアルな問題も交えながら、新たな国づくりの一助となる学びを学生たちと共に深めていきたいと考えています。

HSU Face ③

四宮 岳さん
(しのみや がく)

人間幸福学部◆好きな授業は「創立者の精神を学ぶⅠ、Ⅱ」。将来の目標は医療改革。

Q.1
なぜHSUを選んだの?

医学部を目指して勉強していましたが、本当に医療改革をするためには幸福の科学教学を学ばなければいけないと思い入学を決めました。

Q.2
今、力を入れていることは?

愛国サークル、作務サークル、サッカー部、英語の勉強、人工知能(AI)の研究、サクセス№.1講師ボランティアと、色々な活動をさせてもらっています。色々な経験をして腑に落とさないと総裁先生の言葉を自分の言葉で伝えられないなと思って。「HSUで学べて本当にありがたいな」と思うと頑張れます。

Q.3
HSUに来て、成長したことは?

いろんな人のよいところを素直に尊敬できるようになったことです。最初は、周りの皆の信仰心が篤くて劣等感を感じ、壁をつくってしまっていました。でも、プロフェッサーに相談したり、幸福の科学の精舎で研修を受けたりして教学を重ねるうちに、自己肯定感が強くなってきて、どんな人にも本音で話せるようになりました。自分が本音で話したら、相手も本音で語ってくれるという感覚があって、それがとても幸せです。

TOPIC 仏法真理塾サクセス№.1講師ボランティアをしています

HSUのサクセス講師は、スカイプを通して授業をします。昨年担当した生徒は、英語が苦手だったのですが、教え方を色々工夫したり、HSUの話や、モチベーションを上げるような話をしたりしました。その子はとても頑張ってくれて、学力がぐんと上がり、結果、HSUに合格することができました! 私自身、大学受験の時、サクセス№.1の講師の方の後押しがあって今の自分があるので、その報恩をしていきたいなと燃えています。

006 HSUの寮生活

HSU生の1日

HSU生たちは普段どんな生活をしているのだろうか。英語にサークルにと幅広く活躍している三上遥加さんに、ある一日の過ごし方を教えてもらった。

三《み》上《かみ》遥《はる》加《か》さん
（人間幸福学部国際コース２年）

所属サークル
◆写真部、SPICA、とーいっく満点Challengers、作務サークルなど

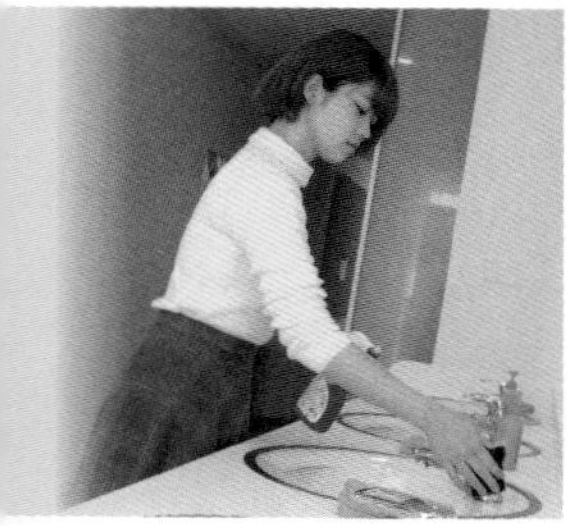

07:30 作務

学生寮では、毎朝、共有部分の作務[※1]を行っています。当番制で、今は週に二日くらい当番の日があります。自分と向き合いつつ、みんなが気持ちよく使ってくれたらうれしいなと思いながら作務しています。

※1 宗教施設を清掃し、修行空間を清める仕事。宗教修行の一環で、作務を通じて心を磨く。

ピラミッド型礼拝堂での信仰生活

ピラミッド型礼拝堂では、毎日の朝の瞑想、朝の祈り、夕べの祈りのほか、七の日感謝祭やご法話拝聴会などを行っています。祈りや瞑想は、授業で学んだ知識を智慧に変える時間ですし、その智慧は大きな仕事をしていくエネルギーになると思います。ＨＳＵは自分を磨き、世界に貢献したい人にとっては最高の場所です。そのなかで学生たちが自分の道を見つけられるよう、影ながらサポートしていきます。

濵田 希さん
HSU宗教指導担当局長

ある1日のスケジュール

07:30	朝作務
08:00	ごはん
08:30	したく
09:00	写真プリント
09:15	自習（TOEIC—Part4・5 Listening）
10:40	朝の祈り
11:00	課題（総合芸術論）
12:20	ごはん
12:50	自習（英語Writing）
13:40	授業（英語 Writing）
15:20	授業（基礎教学B）
17:00	自習（TOEIC—Part 5）
18:00	ごはん・夕べの祈り
19:00	自習（単語・シャドーイング）
19:30	サークル（とーいっく満点challengers）
20:30	課題（神道入門）
22:00	自習（シャドーイング・復習）
23:00	お風呂
24:00	就寝準備・お祈り
01:00	就寝

一日3時間英語の勉強をしています

私は去年の11月から、TOEIC800点を目指して、一日3時間英語の勉強をしています。はじめの頃、なかなかできずにいたら、友達が「そのままじゃだめだよ」といって、どうやって時間をつくり出すか相談に乗ってくれたんです。結果、12月のTOEICでは230点上がりました。「自分のためではなく、主のために頑張りたい」と思ったから、努力が続けられていると思います。

また、最近では、その日教学をしていて心に響いたフレーズを手帳に貼るようにしています。

10:40 祈り

一限の後、ピラミッド型礼拝堂で「朝の祈り」があります。お祈りの後は公案※2にしたがって自分の思いや行いをどう改善していくか、考えを深めます。

※2 禅の修行で悟りに導くために示す問題。

13:40 授業・自習

金曜日は、「Writing」と「基礎教学B」の授業があります。空き時間には、図書館の語学学習スペースや、校舎のラウンジなどで自習をしています。夕飯の時間には友達と一緒にカフェテリアで勉強したりもしています。

19:30 サークル

TOEIC前は、「とーいっく満点Challengers」というサークルに毎回参加しています。「写真部」では部長をしていて、HSU祭で写真展示もやりました。ほかにも、学生部活動で使うパネルなどのデザインを考えたりもしました。

三上さんの作品。▶

HSU学生寮

HSUでは原則、1年次は学生寮に入寮する。学生寮を担当している金谷昭さん、純子さんに寮生活についてきいた。

ハウスミストレス **金谷 純子**さん（写真左）／ハウスマスター **金谷《かなたに》 昭《あきら》**さん（写真右）

Comment ◆学生寮は、学生たちが自立した自分をつくるための場でもあります。HSU生活を楽しみつつ、円滑に学業に励めるようにと思いながら環境を整えています。

【寮自治】

HSU学生寮では「自主・自立を重んじた学生主体の自治運営」を行っています。寮自治は、寮生から選ばれた学生寮長と、学生寮内にある12のブロックそれぞれのブロック長・副ブロック長が中心となって運営しています。ブロックは性別ごとに分かれていて、入居者専用のオートロックキーがあり、共有スペースもそれぞれのなかに設けられているため、寮全体の自治のほかに、ブロック長を中心としたブロック自治も行われています。

【学生の声】

本音を話せる友達ができた！

今までは、周りの目を気にして意見をいえなかったり、周りに流されたりしていたけど、HSUでは、本音でぶつかり合える友達ができました。

自立した生活ができるように！

自分で朝、起きたり、部屋を片付けたり、洗濯をしたり。今までやってもらっていたことを自分でやるようになって、親への感謝が深まりました。

お祈りや瞑想ができるように！

自分だけの部屋があって、目と鼻の先に礼拝堂がある環境は本当に幸せでした。お祈りや瞑想などの心の修行がしっかりとできるようになりました。

第二学生寮

2016年1月に完成したアパート型の第二学生寮は、2階建て3棟で54室があり、2年次以降は希望者が入室できます。キッチン、トイレ、バスは独立していて、冷蔵庫、エアコン、机、イス、本棚、ベッドなどの家具家電も備えつけられています。

【居室】

一室6畳で家具は備えつけです(特別室はトイレやバス付)。

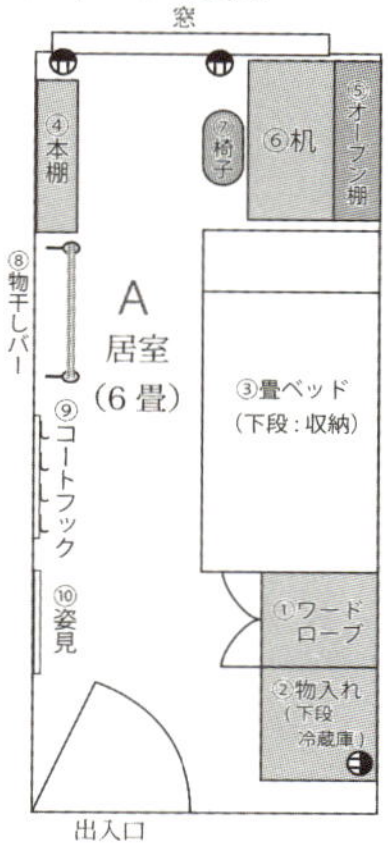

【交通】

寮の貸し出し用自転車は50台あります(今後増える予定)。買い物やバイト、上総一ノ宮駅や茂原駅まで行くときによく活用されています。シャトルバスは平日、日に8〜9本あります。

【食事】

カフェテリアでは一日3食提供されます。併設されたコンビニを使う人もいます。長期休暇中には、友達と一緒に自炊をしている人も多いですよ。

【交流】

寮の一階にあるラウンジはよく学生が集まります。違う学部の人や居室が遠い人たちとも交流できる場です。

007　経営成功学部

国や世界の富を増やすリーダーを輩出

経営成功学部の三つの領域

『経営成功学』というものを、学問としてつくり出すことに成功できたら、その内容を授業で聴いた人が企業家として成功するだけではなく、国全体の富を増やすことにも必ずなる」（『「経営成功学」とは何か』23ページ）

こんな創立者の思いの背景にあるのは、7割近い企業が赤字という日本経済の現状だ。そこで、黒字経営を実践できる企業家を多数輩出するために設けられたのが経営成功学部だ。

それだけに、同学部の授業は実践的で創造的だ。専門科目は大きく三つに分けられる。一つは、成功する考え方を学ぶ「**幸福の科学経営論領域**」、二つ目は、現代経営論や会計学、マーケティングなどの「**経営学領域**」、三つ目は、ビジネススキルや英語コミュニケーションなど、具体的なスキルを磨く「創造実践科目」だ。

原田尚彦プロフェッサーは、「1年次は器づくりに専念するために、大川隆法総裁の著書を深く学び、軸を固めます。そのベースの上に、2年次からマーケティングや会計、プレゼン技術など具体的なものを学んでいきます」と、カリキュラムの組み立てを説明する。

1年目で人間としての器をつくる

そんな一年次の「器づくり」の科目の一つが、「大学シリーズゼミ」だ。必修の授業で一クラス十数人。教員は「担任」として学生のさまざまな相談にも乗る。テキストは、創立者の「大学シリーズ」と呼ばれる著作群で、毎週1冊精読し、3年かけて90冊を深めていく。創立者指定の論点集に基づいて事前にレポートを作成・発表し、ディベートする。発表の機会は頻繁にあるため、学生は手を抜けない。

しかし、ある女子学生が「中途半端な発表はしたくないので、ものすごく準備して授業に臨みます。違う考え方の人とディベートして、理解できるようになるのが楽しい」と語るように、貴重な学びの機会となっている。

また、担当教員の一人・荒巻基文《もとふみ》プロフェッサーは、『どうしてだろう。本当にそうだろうか』と考えて腑《ふ》に落とす、クリティカル・シンキングを重視しています。また、メールを返すとか時間を守るといった習慣も徹底させています」と語る。社会に出てから必要になるビジネススキルを見据えてゼミを運営しているわけだ。

少人数クラスという利点を生かし、進路指導を含むきめ細かい指導を行うほか、九鬼《くき》一《はじめ》プリンシパルが自ら講義をしたり発表の講評を行うケースもあり、学部としても特段の力を入れている。

原田プロフェッサーは、同ゼミの効果を次のように分析する。

「一番変わったのは、レポートの書き方ですね。入学したての頃は、的《まと》を射《い》ないレポートが多かったのですが、半年ほど経った頃から、読ませるレポートが増えてきました。プレゼン力や交渉力、説得力といった『人間力』が高まってきています」

実際、経営成功学部の学生がインターンに参加すると、企業側から即戦力として期待されることもあるという。

また、HSUでは、専門的な内容も「全学共通ゼミ」として1年目から勉強できる。地場産業を含めたアグリビジネス研究のゼミや、ファッション・ビジネスで求められる創造性を磨くゼミもある。日本における中国分析の第一人者、自衛隊の幹部学校でも教鞭《きょうべん》をとっていた戦略論の重鎮といった一流の研究者も講義を受け持っている。そのため、基本的なビジネススキルの習得から専門分野の研究まで、学生の意欲に応じたカリキュラムが組まれているのが特徴だ。

「もったいなくて一回も休めない」授業

1年目に行われた15の専門科目のうち、高評価だったのが、幸福の科学経営論領域における必修授業「幸

テキスト・参考著書

『HSUテキスト3 経営成功学入門』☆
原田尚彦・石見泰介 編著

『HSUテキスト9 幸福の科学成功論』☆
石見泰介 編著

『HSUテキスト11 経営成功総論Ⅰ(上)』☆
『HSUテキスト13 経営成功総論Ⅰ(下)』☆
九鬼一 監修・編著
村上俊樹 編著

福の科学成功論」だ。

2年次以降に履修する「経営成功総論Ⅰ、Ⅱ」「経営成功特論Ⅰ、Ⅱ」へとつながる重要科目で、仕事論や時間論、リーダー論など、成功するための考え方を体系的に学ぶ授業だ。ある意味で、最もHSUらしい授業といえる。

経営成功学部の学生に「どの授業が一番面白いか」を問いかけると、ほとんどがこの授業の名を挙げる。「とにかく面白い」「もったいなくて一回も休めない」等々。後期末の授業評価アンケートでも、「この授業を後輩に勧めたいか」という問いに対し、5点満点で平均4・83ポイントという高得点を得た。大教室で行う必修の授業としてはかなりの評価だ。その人気を聞きつけた他学部生も多数聴講しているという。

担当の石見泰介《たいすけ》プロフェッサーは、「『幸福の科学成功論』は、『真の成功とは何か』を学ぶ科目です。一般的に『成功』というと、お金や地位、名誉を指すことが多いのですが、経営成功学ではそうは考えていません。『多くの人への愛を含んだもの』を真の成功と教えています」と語る。

どれだけ卓越したスキルを身につけても、それが利己的な目的で使われるのなら、決して世の中はよくならない。社会の発展に貢献できてこそ真の人材だ。HSUでは、すでにそのための教育が始まっているといえよう。

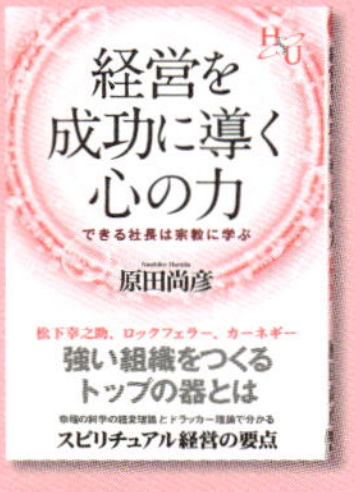

『経営を成功に導く心の力』★
原田尚彦 著

『乱気流時代を勝ち抜く経営』★
石見泰介 著

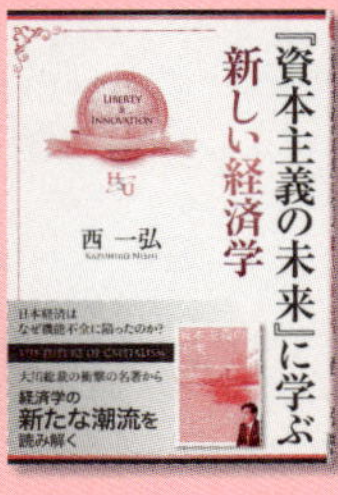

『「資本主義の未来」に学ぶ新しい経済学』☆
西 一弘 著

☆はHSU出版会刊　★は幸福の科学出版刊

Faculty Close-UP

名物講師の魅力 直撃インタビュー

熱心で個性的な教員陣も、経営成功学部の魅力の一つ。今回は、ディーンを含む4名の教員に、HSUの魅力や、授業で大切にしていることを語ってもらった。

鈴木真《ま》実《み》哉《や》

担当科目「経済学入門」など

◆HSU経営成功学部ディーン。元聖学院大学政治経済学部教授。月刊「ザ・リバティ」や「アー・ユー・ハッピー？」などに経済解説記事を持ち、わかりやすいと評判。主著に『格差社会で日本は勝つ』（幸福の科学出版）など。

「経済学」というのは既存の学問だけど、HSUで教える経済学は、幸福の科学教学に適うものであるべきなんです。つまり、「既存の経済学ではこうです」じゃなくて、「新文明の建設と人類の幸福化のために、経済学ではこういうところでお役に立てます」っていう発想ですよね。

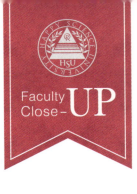

HSUの学生は本当に前のめりで志が高く、教えるのがすっごく楽しいです。けれども一方で、「彼らはこれからの文明の建設者なんだ。人類を幸福にするために最前線で戦う人たちなんだ」と思うと、教える側として怖くもある。「後世に与える影響の大きさを考えると、嘘はいえない。神の目から見て間違ったことは絶対に教えられない」と思うから、毎回が真剣勝負です。

また、講義の反応のなかには、未来の経済学のヒントがたくさんあるんですよ。たとえば、「愛の教え」をいかにして具体的・実践的に発展・繁栄の理論に結びつけるかという話をすると、学生は感動して真剣に耳を傾けます。彼らは、大川総裁の教えを展開して、どうやって現実に人を幸福にするかというプロセスに関心があるんですね。ここが、これから研究しなければならない経済学のポイントです。

　私は経営成功学部を通して、信仰と富を両立させる理論を実践面で証明したいと思っているんです。そして、信仰と富と、さらに美を両立させる人材を、数多く出したいですね。

吉岡正《まさ》道《みち》

担当科目「会計学概論」など◆HSUプロフェッサー。博士(学術)。日本管理会計学会常務理事やInternational Association for Accounting Education & Research審査員など、国際的な視野で幅広く教育・研究活動をしている。空手師範(三段)。

大学の専任教員になって25年ほどですが、HSUに来て驚いたことがあります。授業が終わると拍手されるんです。また、私語が非常に少なく、あったとしてもほかの学生が注意しに行くんですよ。さらに、授業後は毎回、消しゴムのカスを集めて、ゴミ箱に捨ててから教室を出ます。素晴らしいですよね。なかなかできないですよ。

　私は2年前、幸福の科学大学の求人公募を知り応募しました。今までの経験を生かして、新しい教育システムをつくりたいと思ったのです。しかし、大学として認可されなかったこともあり、学位を出せない学校に専任として着任するかどうか考えるところがあり、まずは非常勤で授業を受け持つことにしました。その授業ではじめてHSU生と会ったのですが、授業の最後に小テストをしてみたら、ものすごく優秀だったのです。超一流校にも劣りません。「この学生たちを教育すれば、公認会計士や税理士などの国家資格を2桁は出せるだろう」と、生きがいを見つけ、翌月には「専任でいきます」とお返事させて頂きました。

HSU生にはぜひ、日本に閉じこもらず、世界で活躍できる人間になって欲しいと思います。

重里俊行

担当科目「経営学概論」「全学共通ゼミⅠ、Ⅱ」など

◆HSUプロフェッサー。元慶應義塾大学の人気No.1ゼミ担当教授。テレビ、ラジオなどに多数出演し、人気を博す。自身も寿司屋を経営した経歴を持つ。

今の時代、珍しいほど礼儀正しい学生が多いのがこの学校の特徴ですね。地元のタクシーに乗ると、運転手さんのなかには「学生の感じがいい。やっぱり宗教教育がいいのかな」とおっしゃる方もいて、評判ですよ。また、読書習慣が身についているのが大きいです。配布した資料もしっかり読み込んでくるし、本来の学生というのは、こうあるべきだと思いますね。

また、先生方はみんな熱心で、あらゆる角度から学生をケアしている。しっかり授業のフィードバックをして、学生の学習効果を把握しながら工夫しています。今まで慶応大やハーバード大、コーネル大など、国内外の大学を数多く見てきましたが、こんなに豊かな教育をしている社会科学系の学部っていうのは、ほかにないですよ。

われわれ教員の本来の役割っていうのは、知識を与えるだけじゃなくて、学生の興味関心を引き出し、自分から知識を求めるようになってもらうことだと思うんです。私のゼミでは、食文化と食品産業をやっているのですが、実際に千葉県産のメロンを食べてみたり、製造業、世界の貿易構造、海外製品の実情などを学んだりして、視野を広げて欲しいと思ってやっています。

本来、大学がやるべき人材育成を、こんなに真剣に取り組んでいる学校はありません。学生はその期待に応えてついてきている。だから、世間が何といおうが、今の努力を続けていけば、この学校は必ず素晴らしい成果が出せると思います。文科省に大学として認可されなかったと聞いたときは残念でしたけど、明治維新を起こした人たちも、幕府公認の学校には通ってないですからね。きっとここの学生たちのなかから、新しい時代を拓く維新の志士のような人が輩出されると思います。

吉崎富士夫

担当科目「デザイン入門」「クリエイティブ・デザイン実習」など◆HSUレクチャラー。東京家政大学非常勤講師として、マーケティングやデザインを教える。㈱オリエンタルランド技術本部チーフエンジニアとしてテーマパークのアートメンテナンスを担当。

HSUでの授業は一回一回が真剣勝負です。その代わり、ほかでは味わえないワクワク感があります。学生たちは学習意欲が非常に高くて、要求レベルも高いです。つまり、「仏法真理から見て、デザインという分野はどうなのか。未来に向けてどうなるべきか」といったことを学びたくて授業を取っているので、まだ世の中にないものの可能性を導き出し、常に教えなければならないからです。ある意味で、文明実験のような面もあるかもしれません。

すでにある学問を一方的に教えるのではなく、私自身も学生の反応やリアクションペーパーから、発見をもらっています。こうしたインタラクティブなやり取りは、HSUならでは。「HSUを卒業した人は使えるなあ」といってもらえるようにしたいし、人類にイノベーションをかけられる学校にしていきたいです。

経営成功学部◆好きな授業は「大学シリーズゼミⅠ」。将来の目標は美の革命家になること。

HSU Face ④

森谷沙希奈さん
（もりや さきな）

Q.1
なぜHSUを選んだの？

私は高校生の時から「美」に興味がありました。専門学校に行こうかと考えたこともありましたが、本当の美を伝えるためには、「信仰心」というベースを学ぶべきだと思い、HSUに決めました。

Q.2
HSUの授業を受けて感じたことは？

高校生の頃は勉強が苦手だったんです。でもHSUの授業は、自分が今まで知りたいと思ってきたことがそのまま授業になっていて、おもしろくて仕方がないです。潜在能力を引き出されている感じがします。最近は成績も上がってきました。

Q.3
HSUのお気に入りポイントは？

図書館です。宗教的な磁場に包まれ、すごく幸福感を持って勉強できます。暇さえあれば図書館で本を読んだり課題に取り組んだり、自己分析したりしています。

Q.4
HSUに来て、成長したことは？

HSU祭の副実行委員長やHSU学生寮のブロック長など、色々な役をさせて頂くなかで、仕事を進めていく上での礼儀や段取りを学べました。

美を通して多くの人に真理を伝えたい

TOPIC

　人々が真理に目覚めたり、悟りに到る道として、「美しさ」があるのではないかと思っていて、高校生の頃から、美に関する考えや資料を書き留めています。

　ファッションやカラーコーディネートにも興味があるのですが、将来的に心を磨くことも含めたトータルコーディネーターになりたいと思っています。いずれ、信仰を軸にした美の思想を確立したいなと考えています。

HSU Face ⑤

脇山哲也さん
（わきやま てつや）

経営成功学部◆好きな授業は「経済学入門」。将来の目標は宇宙規模で貿易をして、富を増やすこと。

Q.1
なぜHSUを選んだの？

中学生のとき、「HSUができる」と聞いて以来、ずっと行きたいと思っていました。ほかの選択肢は考えたことはなかったです。

Q.2
今、力を入れていることは？

HSU祭で、10名くらいでカフェを開きましたが運営を満足に回しきれなかったのが心残りでした。今後、カフェサークルを立ち上げ、次の機会には改善して、また出店したいと思ってます。

Q.3
日々、大切にしていることは？

「夕べの祈り」では、将来の夢を心のなかで確認して「今日は一日一生で生きれたかな」って反省しています。無限の成長には謙虚さが大事ですから、反省とお祈りは欠かせないです。あとは在学中に総裁先生の経典を全冊読破しようと頑張ってます。

Q.4
将来の夢は？

現在、貿易をするためには、書類の作成など、手続きの時間がかかります。そういった時間を工夫して短縮し、すぐに取引をできるようにすることで富を巡らせて地球を豊かにしたいです。

TOPIC インターンに参加して夢が具体的になった！

インターン制度は、通常、ほかの大学では３年生か４年生からですが、ＨＳＵでは１年生の夏から行くことができるのがいいところだと思います。この冬、東京の日本橋にある物流業の株式会社ハッピー・カーゴに、インターンに行かせていただいたんですね。英語で送り状を書いたり、実際に荷物の梱《こん》包《ぼう》をしたり、約款《やっかん》を打ったりさせてもらって、色々な専門知識を吸収できました。そのなかで新しいビジネスの種も見つかり、将来の夢が固まりました。

008　未来産業学部

新しいフロンティアを拓く

未来の新産業をつくり出す学部

未来産業学部は、ＨＳＵ唯一の理系学部である。現在は機械工学と電気電子情報工学を柱にしつつ、生物学を含む理学部的な科目から技術経営まで、各分野のエッセンスを幅広く学ぶことができるのが特徴だ。

１年次は、他大学の理系学部に比べるとハードスケジュールだ。専門の主な必須科目には、「未来産業教学概論」「未来産業と産業実習」「解析学」「線形代数」「物理学」「基礎化学」「基礎生物」や実習科目などがある。「１年、２年次でなるべく広範にわたって、総合的に理系の基礎知識を身につける」ということが目的だ。

理系の専門分野を深めると同時に、２年次には、「技術経営論」「情報管理理論」「リスクマネジメント」など、充実した技術経営科目も履修できる。また、経営成功学部の講義の履修も勧めている。これは、松下幸之助や本田宗一郎といった技術者出身の経営者たちのように、人々に必要な技術の発明と、それを世の中に行き渡らせる経営能力を持つことを目指しているからだ。学部時代から技術経営が学べることも、他大学の工学部にはない特徴である。

一期生が卒業する2019年には、「アドバンストコース」も設立予定。これは大学院にあたるもので、本格的に新産業の芽となる新技術の開発などに専心する。

1年次から産業技術に触れる

1年次の科目「産業技術入門実習」も注目に値する。「ヒューマンインタフェース」「超小型衛星システム開発」「プラズマ」「レゴロボット」「植物工場」「電気自動車」から興味のあるテーマを選び、産業技術に実際に触れるというものだ。たとえば「電気自動車」のテーマを取ると、まず電気モーターをつくるところからはじめる。次に、電気自動車を構成する基礎技術を一つひとつ学んでいく。また、3Dプリンターなどに触れる実習テーマもある。先に実際の技術を体験的に理解することで、モチベーションを高めるのである。そして、1年次から専門に関する実習を履修することは、マンモス大学では考えられない。2、3年次はさらに発展的に学んでいく。

また、発展的内容を先取りして学びたい学生向けに、自主的なゼミが開講されている。これは相対性理論や量子力学、電磁気学など、2年次以降に取り組むテーマを学んだり、「産業技術入門実習」で興味を持ったテーマをさらに深めるための課外授業である。

一方で、基礎をしっかりと身につけることも重視している。新しいものを創造するには「異種結合」も大事。そのためには、幅広い基礎力が必要となるという考えである。

宗教科目で新しい発明の「芽」を育てる

理系学部といえば専門的な学習に深く没頭するものであるが、この学部では宗教的教養やプレゼンテーション能力の育成にも力を入れている。

人間幸福学部で紹介した「創立者の精神を学ぶⅠ、Ⅱ」や「基礎教学A、B」は、未来産業学部生も全員受講する。そのなかで、本当の成功とは何か、愛を与える生き方の大切さ、自助努力の精神の大切さなどにも理解を深め、「社会に貢献する心」「責任感」を高める。

また、「未来産業教学A」の講義ではそれぞれ、「宗教と科学の融合」「未来社会に必要になる科学技術」について学び、研究発表も行われた。経営成功学部生に対して新商品開発のプレゼンをする「クリエイティブ・ミーティング」については、『HSU未来をつくる授業』（HSU出版会）の序章と第五章にその詳細が紹介されている。

ここに、未来産業学部の目指す二つの大きな流れが見て取れる。一つ目は、現在ある技術に創意工夫を付け加え、近未来に実現可能な技術を開発していくこと。もう一つは、現在の技術の延長線上にない未来の科学に取り組み、理論や実証方法を探ってフロンティアを拓くこと。近藤海《かい》城《じょう》バイス・プリンシパルはこう語る。

「新しいものをつくり出そうとする創造力やチャレンジ精神、そういったマインド面はHSU生

▼近藤海城バイス・プリンシパル

の大きな強みです。『未知のものを探究したい。世の中に貢献したい』という志を持つ学生が多いので、『長生村《ちょうせい》にシリコンバレーをつくろう』『新文明をつくろう』というような気概ある人材を多数輩出していけると思います」

　未来産業学部生が履修する幸福の科学教学科目にはほかにも、2年次は「未来科学教学」、3年次は「未来産業教学演習」などがある。これら未来産業系の科目では、大川総裁の書籍群のなかから「未来の種」を探し出し、その実現を目指す研究も含まれる。一般的には「夢想ではないか」といわれるようなことに対しても、限定をかけずにチャレンジしていく。たとえば、「未来産業教学A」の研究発表では、「月面基地をどうやってつくるか」「新しい宇宙ビジネスの提言」などといった発表もあった。「未来へ貢献する心」を重視していることがうかがえる。

　自由な発想力を育て、未来産業の創出や、大宇宙の探究・解明も進める。「宗教と科学を融合しようとしてこそ得られる、新しい未来の種」が見つかる可能性が、この学部にはあるのだ。

　次ページからは、1年次に行われた「産業技術入門実習」の6テーマについて紹介する。

テキスト・参考著書

近藤海城 編著

『HSUテキスト6
未来産業教学概論』☆

近藤海城 著

『フロンティアを拓く
未来技術』★

福井幸男 著

『「未知」への挑戦』★

☆はHSU出版会刊
★は幸福の科学出版刊

Faculty Close-UP

産業技術入門実習の魅力 直撃インタビュー

一年次には「産業技術入門実習」で、産業技術に触れる。どんな実習が行われているのだろうか。

「ヒューマンインタフェース」実習

担当 福井幸男

◆HSU未来産業学部ディーン。日立製作所、通商産業省工業技術院製品科学研究所主任研究官、筑波大学教授などを歴任。主な研究分野は情報工学で、専門はコンピュータグラフィクスやバーチャルリアリティ技術など。

本実習では、バーチャル空間で、触れなくても物を操作したり、宙空のダイヤルを回すことでツマミを操作するといった、ヒューマンインタフェースのプログラミングを学びます。この技術は、医療手術や、映画などでよく見かける宙《ちゅう》でコンピュータを操作するなどへの応用が期待されます。

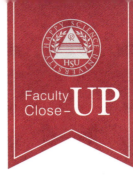

課題では、ゲームをつくるチームもあれば、画面のなかで玉を磨き、「心が磨かれる様子をイメージ化する」というソフトに取り組んだチームもありました。なかには、「小中学生にもわかりやすく、霊界を仮想体験できるプログラムをつくる」という夢を持ってチャレンジしている人もいます。

プログラムとは、全体処理の流れを構想・設計しつつ、個々の細部の処理を、曖昧さなく、正確に記述した知的活動の結晶であり、創造性と大局観、繊細さと謙虚さが同時に求められるのです。

「超小型衛星システム開発」実習

担当 佐鳥 新《しん》

◆HSUプロフェッサー。北海道科学大学工学部教授。大学発ベンチャー・北海道衛星株式会社代表取締役ほか、宇宙工学分野で幅広く活躍。宇宙科学研究所（現JAXA／ISAS）で小惑星探査衛星「はやぶさ」のイオンエンジン開発に従事した。東京大学大学院工学系研究科航空宇宙工学専攻で反物質推進の研究で博士号を取得している。

未来産業学部の目的の一つに、「天才教育」があります。新分野を切り拓くためには、試験装置の設計と理論を同時にできる天才が求められます。

この実習では、ペーパーワークではなくて、プロとして使えるスキルを身につけることを目的としています。それは、自分のイメージしたものをつくれる力や、一回の衛星打ち上げで確実に成功させるという信頼性、マネジメント力です。

授業後は、「宇宙工学研究サークル」に移行して、開発を続けています。当初、希望者は30人で、「3人残ればいいほうかな」と思っていたのですが、1年経った時点で約20人が、「もっとやりたい」と食らいついてきています。

4年後までに衛星打ち上げを目標にしていますが、私たちの研究の目的は、「霊界科学をつくること」です。現段階では、ハイパースペクトルカメラなどを使い、「どういう条件下、どういう精神状態だとオーラが発生するのか」などを探究し、再現性のあるところまで持っていこうとしています。

「現在、成績がいい人」というよりも、忍耐力があって、できるまでとにかく頑張れる情熱のある人が向いていると思います。逆にいうと、それしかできない人でもいいと思いますね。

「プラズマ」実習

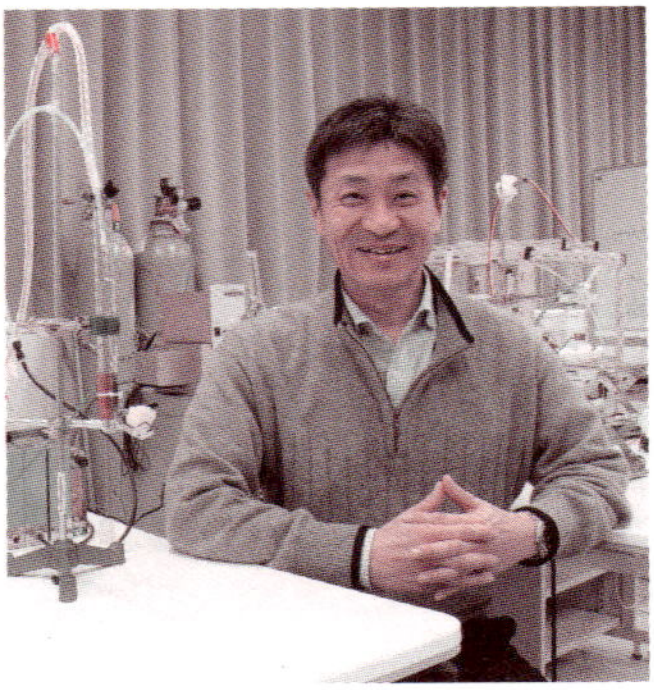

担当　大川博司

◆ＨＳＵレクチャラー。博士（医工学）。ＮＥＣプラットフォームズ、ヤマト科学株式会社、山梨大学大学院客員教授などを歴任。医療器材のプラズマ滅菌に関する研究成果を国内外の学術誌に発表してきた。特技は実験装置の設計製作。

この実習では基礎として、真空にプラズマをつくる実験、プラズマが発する光の色などを計測する実験、プラズマで処理した表面の濡れ性の測定、オゾンをつくる実験、コロナ放電でイオン風を吹かせる実験をやりました。

応用では、プラズマで種子を処理し、成長や発育を促進させる実験や、水中プラズマで水を綺麗にする実験をやりました。この二つは、「プラズマ・核融合学会」に出して、学生がポスターセッションをしています。

ほかにも、テスラコイルをつくって実験したり、球根の発育・発芽エネルギーを研究するためにプラズマを使ったりしています。いずれも、科学者の間では「そういう効果があるらしい」と知られてはいるのですが、それを本格的に証明するところまで取り組んでいるところはあまりないんですね。そういうものに限定をかけずに、興味を持ったことをとことん追及していくところが、ＨＳＵ生の強みだと思っています。

「レゴロボット」実習

担当 太洞良治《だいどうりょうじ》

◆HSUレクチャラー。東京大学工学部地球システム工学科卒業。地質ごとの石油の研究が専門。幸福の科学に奉職し、出版局、仏法真理塾サクセスNo.1、その他運営業務に従事した。ETロボコン、GPSカーコンテスト出場予定。

センサーを使ったレゴロボットのプログラムを作成しています。ロボットをちょっと進めて止めるとか、右に曲がらせるとか、そういう初歩的なところから初め、距離を測るセンサー、角度を測るジャイロセンサー、タッチセンサー、それから、PID制御というエアコンなどに使っている制御のプログラミングなど、制御の基本をやりました。

今後は、GPSセンサーや自動制御のドローン、範囲を指定して自動運転する車などをやっていきたいと思います。

「植物工場」実習

担当 木村貴《たか》好《よし》

◆HSUアソシエイト・プロフェッサー。筑波大学大学院農学研究科にて、昆虫の情報化学物質の研究を行う。博士(農学)。その後、農業生産法人や県の研究機関において、病害虫管理を中心とする栽培管理法について研究・指導した。

植物工場では、収穫までの一連の流れを体験しつつ、工場の野菜と校内の畑で育てた野菜とで収量や成分、菌数の比較を行うなど、実践的な分析方法を実習します。その上で、「より成長を速めるには」といったテーマで比較試験を行いました。チームで、どのような処理を行うか実験のアイデアを出して成果を確認することは、課題解決のトレーニングにもなります。植物工場では通常、葉物野菜が中心ですが、エダマメやイチゴ、根菜などの栽培にチャレンジする学生もいます。

本学部では工学系を中心にしながら生物・農学的視点も学べるので、新しい発想で世界に貢献する学生が育っていくことを期待しています。

「電気自動車」実習

担当 梶 敦次《あつし》

◆HSUレクチャラー。慶應義塾大学大学院理工学研究科総合デザイン工学専攻修了。㈱村田製作所、東京工業大学共同研究員として面発光型半導体レーザや軸流ファンの研究開発に従事した。専門は光エレクトロニクスと流体力学。

電気自動車は機械技術、電気回路、マイコンのプログラミングなどを組み合わせてつくるものなので、産業技術に必要な技術がすべて集積されているんです。基礎知識がない状態でいきなり自動車技術に触れ、つくった自動車が動くという経験をするので、産業技術の面白さを知っていただけると思います。

実習後は学生で「フライング・ビークル」というサークルを立ち上げて、陸・海・空すべてに対応できる乗り物をつくろうとしています。いきなり空を飛ばせるところまでは難しいかもしれませんが、アイデア勝負で、利便性を向上させるような乗り物をつくっていく予定です。

学生と教員でアイデアを出し合いながら進めていくかたちは、まさに「理系版・松下村塾《しょうかそんじゅく》」だと感じています。

Interview

「光を研究して、人々の幸福に貢献したい」

中矢大《だい》輝《き》さん（未来産業学部2年）

僕は2015年11月に行われた「プラズマ・核融合学会」で、ポスターセッションに参加させて頂きました。「プラズマによって、植物の成長を促進できる」という研究テーマに興味を持ってくださる方は結構いて、HSUという新しい学校のことを知って頂くこともできました。

こうしたプラズマの研究を踏まえて、今後は、「仏の光」について理論を深めたいと思っています。たとえば、幸福の科学の信者だと経験のある人も多いと思うのですが、「正心法語」※を読むと体が温かくなったりしますよね。そうしたとき、科学的には一体何が起こっているのか。できれば在学中に、新しい理論の種を発見したいです。

また、「自分の研究だけに閉じこもらず、多くの人々を幸福にするために、できることはなんでもさせて頂きたい」と思い、HSU学生部で学生部長をさせていただいています。HSU生は本当に信仰心篤く、頭のいい方が多いので、その力を幸福の科学全体や、人類の幸福のためにお返ししていけるような学生部にしたいです。勉強やサークルと両立させるのは難しいですが、総裁先生の後ろ姿に続き、HSU生としてふさわしい自分になれるよう、精進中です。

※幸福の科学の根本経典『仏説・正心法語』のこと。

HSU Face ⑥

峯松正智さん
(みねまつ しょうち)

未来産業学部◆好きな授業は「創立者の精神を学ぶⅠ、Ⅱ」。将来は『黄金の法』に説かれている仏光物理学の研究をしたい。

Q.1
なぜHSUを選んだの?

もともと5年制の高専に通っていたのですが、「未来産業学部で色々な発明をしたい!」と決意して中退し、HSUに来ました。

Q.2
今、力を入れていることは?

IESというウェブ系サークルを立ち上げました。ほかのサークルの要望に応え、外部の講師を呼んでウェブ概論セミナーを開いたりしています。他学部間を情報でつなぐためのHSU版SNSをつくりたいと思ってます。

Q.3
HSUのお気に入りポイントは?

寮のラウンジです。行ったら必ず誰か友達がいるし、気楽に集まれる場所です。

Q.4
将来の夢は?

数学や物理学を深く学んだうえで、仏光物理学を研究したいと思ってます。タイムマシンなどの四次元航行法は、霊界科学、仏光物理学のメカニズムを生かしたものになってくるはずなので、そういったところを解明していきたいです。

さわやかな自分を目指して

TOPIC

私はHSU祭で事務局副局長を務め、受付や車の誘導、ゴミ箱の設置など、さまざまな仕事に取り組みました。そのなかで、「一つひとつの仕事を重く受け止めすぎないことが、幸福の秘訣だ」と気づいたんです。私はアスペルガー症候群で、好きなことに没頭するとほかのことが手につかなくなったり、仕事を重く捉えすぎたりするところがありました。なので、物事を軽く受け止めるよう努力し、一方で、自室では勉強や作務に没頭する時間も大切にするようにしました。数ヵ月続けると、だんだん切り替えができるようになり、さわやかな自分になれたと思います。物事に没頭できる性格は「強み」だと思うので、今後の研究に生かしていきたいです。

親の声

息子の魂の喜びを願って

人間幸福学部２年長田元気さんの母
長田宜子《おさだのりこ》さん

2014年の春、息子の元気は早稲田大学に現役合格し、通学していました。大学ではよい仲間に恵まれ、授業も充実していると聞いていたのですが、「本当にこのままでよいのだろうか」という思いがぬぐえずにいました。というのも、幸福の科学大学が2015年に開設されると聞いたとき、当時高校２年生の元気が「幸福の科学大学に入りたい」とさめざめと泣いたことが忘れられなかったからです。

夏頃、私は幸福の科学の箱根精舎で「天才教育の指針・十箇条」研修を受ける機会がありました。反省を進め、心が澄んでいくなかで、「本人が生まれる前に決めてきた使命を果たせるように導くのが、母親の役割だ。本人の魂が本当に求めているのは、やはり幸福の科学大学への進学ではないか」という確信が以前にも増して強く湧いてきたのです。そして、「自分の魂の願いを忘れずに大学を選択してほしい。永遠の後悔を残すことなかれ」という思いを手紙に書き、届けてもらいました。元気はちょうど、千葉正心館で行われている仏法真理塾サクセスNo.1受験生合宿に学生講師として参加していたのです。

千葉から帰ってきたとき、本人の決意は固まっていました。早稲田大学を休学し、入試への準備をはじめたのです。幸福の科学大学が不認可になった際はショックを受けてはいましたが、最終的に決意は揺るぎませんでした。

そして2015年４月。元気は３年前から望んでいたＨＳＵに第一期生として入学したのです。入学式での幸福感に満ちたニコッと笑った顔は、今でも忘れられません。

009　プリンシパル×学生座談会

HSUに来てよかったこと

HSUに入学して1年、学生たちは何を学び、どう変わったのだろうか。また、教員たちはどのような手応えを感じたのだろうか。各学部に所属する学生と、九鬼一プリンシパルに聞いてみた。

（聞き手：HSU出版会）

なぜHSUに入学したのですか？

石橋和大　僕の考えでは、コンピュータができたり、スマホができたりして、ここ200年ぐらいで技術は進んだのですが、科学は全く進んでいないと思います。

たとえば、夢を見る仕組みや意識とは何かについては全く解明されていません。HSUでは、そういうことに対して本気でアプローチしていこうと考えていますし、教員の方々も冒険心が旺盛《おうせい》で、現在の科学の限界を超えることができそうな気がしたんです。それで、何とかして未来産業を興したい、科学に大革命を起こしたいと思って入学しました。

ただ、1年勉強してみて思ったのは、霊界や宇宙人などオカルティックな世界の探究も興味深いのですが、科学的に分析しようがない部分があることも事実で、現在の最先端の分析学など、地に足をつけて勉強することも大事だと思うようになりました。

九鬼一　紙谷さんは、上智大学の4年生になるタイミングでHSUに入学したわけですが、なぜ、こちらに来ようと思ったのですか？

紙谷尚希　経済学部で勉強していたのですが、そのまま社会人になっても、世界をクリエイトしていけるようなビジョンが全然見えなかったんです。それで幸福の科学大学が不認可になったことで、かえって、普通の大学では得られない何かが見つけられるんじゃないかと思いました。

人間幸福学部を選んだのは、経済学を勉強しても「どうやったら人間が幸せになっていくのか」という本質の部分が見えなかったからです。そこで「幸福をつくるための学問」というものを学んでみたかったのです。

もう少し宗教の勉強をしたかったということもあ

座談会参加者

九鬼一《くきはじめ》プリンシパル

人間幸福学部2年
紙谷《かみや》尚希さん

経営成功学部2年
河井光姫《こうき》さん

未来産業学部2年
石橋和大《かずひろ》さん

未来創造学部2年
神野杏樹《じんのあんじゅ》さん

ります。宗教の本質を勉強するには、やはりＨＳＵに行かないと学べないと思って人間幸福学部に入りました。

九鬼　実際に一年勉強してみてどうでしたか？

紙谷　勉強と幸福のつながりが分かるようになりました。英語の勉強一つとってもそうです。英語を勉強すれば、世界で活躍できますし、世界の人たちが必要としていることを伝えることもできます。自分の英語力が世界の人たちの幸福につながっていくわけです。自分も世界をつくっていく一員なんだという「世界に対する責任感」を持って勉強することができたために、本を読むのにも積極的になりましたし、すべての物事に前向きに取り組むことができるようになりました。

河井光姫　私は仏法真理塾サクセスNo.1の受験生の夏合宿に参加した時に、志の高い友だちに出会って感化されたことがきっかけです。家族もすごく応援してくれたので、絶対ＨＳＵで学びたいと思って入学しました。

経営成功学部を選んだのは、お金とか富とかにすごく興味があったから。小さい頃から、社長の席に座りたいなって思ってました（笑）。

神野杏樹　私はもう理由なく「行く」と決めました。根本仏、地球神がつくった大学なら、そこしか行くところはないでしょって。

当初は２０１６年開学と聞いていたので、私の場合、高校を卒業してから2年待たないと行けなかったのですが、それでも絶対行きたいと思っていました。

私が最終的にしたいのは、〝女神界〟のような美しい世界を創ることです。真・善・美でいう美の部分を一番学べるのはここだと思って、経営成功学部から未来創造学部に転部することにしました。未来創造学部では、ダンスの授業が楽しみです。

九鬼　神野さんは、幸福の科学学園時代にはチアダ

大学教育に関する著書

『新しき大学とミッション経営』

『幸福の科学大学の目指すもの』

『大学教育における信仰の役割』

いずれも幸福の科学出版刊

九鬼 一 プリンシパル

早稲田大学法学部卒。共同石油㈱(現JX日鉱日石エネルギー㈱)を経て1993年に幸福の科学に奉職。総合本部事務局長や幸福の科学出版㈱社長、㈻幸福の科学学園理事長などを歴任。共編著書に『HSUテキスト11・13 経営成功総論Ⅰ(上)(下)』(HSU出版会)など多数。

ンス部のリーダーとして活躍していましたし、HSUに入ってからもジャズダンス部を立ち上げていましたからね。

HSUでは、大川総裁の説かれた仏法真理を教学として教えることを非常に重視しているのですが、ほかの大学で教えているような既存の学問についてもおろそかにせず、きちんとカリキュラムに入れています。

皆さんが卒業するときに必要な取得単位は原則※142~144単位になりますが、そのうちほかの大学でも教えている内容の科目は124単位ほどになります。ですから、いつ大学として認可されてもおかしくないだけの内容があるわけです。

残りの20単位ほどが、ほかではやっていないオリジナルの部分であり、HSUの独自の魅力になっています。また、大学相当の124単位の多くの部分は、既存の学問の体系を押さえながらも、仏法真理

※ 未来創造学部芸能・クリエーター部門専攻コースについては128単位。

の考え方を取り入れたものになっていますので、新しい学問を志す人にとっても興味深い内容になっているはずです。

一年間でどう成長しましたか？

河井　高校生のときに、母親が幸福実現党から選挙に立候補したのですが、当時は「恥ずかしいからやめて」などといって反抗していました。でも、HSUに来ると、周りの子たちは本当に志が高くて。また、「創立者の精神を学ぶ」の授業などを聴いているうちに、「私も主のお役に立ちたい！」と思うようになりました。同時に、「母も主のお役に立ちたくて政治活動をしていたんだ」ということが分かったんです。母の活動を手伝ってくださる、地元の幸福の科学の支部の皆さんや、HSUにご支援くださっている方々に対しても、感謝がすごく湧いてきて……。

だから、地元の友達にどう思われるかじゃなくて、「どう思う人であっても、この幸福を先に知った私が仏法真理を伝えて、幸福にしてあげたい」と思えるようになりました。それが一番大きな変化です。

九鬼　それはよかったね。神野さんはやはりミスコンでグランプリに輝いたことかな？

神野　ミスコンはチャレンジして本当によかったと思っていますが、まだ「世界に貢献できた」というところまで行っていないし、反省点も多かったと思います。

ただ、ミスコンを通して、劣等感と嫉妬心について自己変革できたのはよかったと思っています。一時期は、「こんな自分がミスコンに出てはいけない」とか、「みんなあんなに身も心もきれいなのに自分は黒い心を持っている」と思って辞退しようとした

紙谷尚希さん　写真は、社会人向けの公開講座で発表する紙谷さん。人間幸福学部生研究発表でグループ発表（「ピケティ批判」）を行うなど、活発に言論活動を行っている。

河井光姫さん　2015年夏休み、地元の幸福の科学支部へ赴き、信者の皆さんの支えがあってHSUで学べることへの感謝を伝えたという河井さん。長期休暇中は、母親の政治活動を手伝っているという。

こともありました。だけど、「幸福の科学成功論」の授業で、「嫉妬心を感じるのは自分の関心のある分野の理想像だから、嫉妬すると自ら理想を否定することになる。だから祝福の心を持って愛の言葉を投げかけることが大事だ」と教わってハッとしたんです。それから、心から「本当に美しいね」って人にいえるようになりました。また、すごく感謝できるようになりました。

　感謝の心があると、すべてが美しく見えてくることが分かりました。空気がある、机がある、勉強ができる。すべてに感謝できるようになると世界がキラキラして見えて、すべての人が世界の美しさをつくっている一人ひとりなんだって。それが分かってからは、怠け心が出ても「感謝を忘れている」って思って、原点に戻れるようになりました。そういう軸ができたことが大きな変化でした。

九鬼　それは素晴らしい発見だね。ＨＳＵがほかの大学と違うところの一つに、教職員と学生が一体となって未来を創ろうとしていくところがあります。

HSUの各教室には御本尊があり、多くの教員は、まず御本尊に向かって拝礼してから授業をはじめます。それは、教員が主の理想を実現しようと思っているからです。一方で、学生も同じように主の理想を実現しようと思っています。つまり、「教員は教える側で、学生は教わる側」という対面した関係ではなく、その奥には、「同じ理想を求め、同じ使命のもとに生きている同志なんだ」という感覚があるわけです。

だから、HSUでは、教員の方が学生に感化されるということも起こります。実際、信者でなかった教員が、学生に教えるうちにその情熱や向学心に触れて入会したケースもあるんですよ。

一同　へぇ〜！

これからチャレンジしたいことは？

石橋　日本を世界一の宇宙産業大国にしたい。あわよくば反重力装置をつくれるようになれればいい。宇宙に出るのにロケットが必要なのは重力に束縛されているからです。そのために莫大なお金もかかるし、危険度も高いものがあります。でも、重力を制御できれば、大気圏を出るときに少しエネルギーが必要ですが、もっと簡単になります。ビジネスとしても巨万の富を稼ぐことが可能でしょう。その意味で、まずは未来産業学部が頑張って実績を出すべきだと思っています。

紙谷　自分は目に見えない言葉の力を使って、何か積極的なものを生み出していきたいです。

河井　私は多くの人に導かれてきたので、人を導ける人になりたいです。

神野　私は美を磨いていきたいなと思っています。

石橋和大さん　入学時、大川賞を受賞し、新入生代表で挨拶をした。写真は当時の石橋さん。入学後はTOEICスコアを100点以上伸ばし、2015年末時点で950点を超える。

神野杏樹さん　高校時代、チアダンス部でダンスドリル世界大会に出場し、準優勝した実績を持つ。ジャズダンスサークル「グラン・エール」を立ち上げ、「第61回茂原七夕まつり」や「和太鼓コンサート絆2015」など地域の行事に出演。ＨＳＵ祭「ミス＆ミスターＨＳＵコンテスト」では、グランプリと審査員特別賞の二冠に輝いた。

芸術は神様に捧げるものだから、ダンスにしても、「神様っているんだ！」って神の臨在を感じるようなダンスができたらすごくうれしいなって思います。

九鬼　教育の成果としては、やはり卒業生が活躍することが大事です。「アデプトの卵っていうのは本当だったんだ」といわれるようにしたいですね。

　また、いずれ大学院にあたる研究機関もつくろうと思います。もちろん研究を実際に具体化して、日本のシリコンバレー、世界のシリコンバレーにしていくつもりです。

　100年経ったら、「ここから新しい文明が始まったんだ」と多くの人がピラミッド型礼拝堂にお参りに来るようにしたいですね。私たちが山口県の萩市の松下村塾《しょうかそんじゅく》を見て「こんな小さいところから明治維新と文明開花が始まったんだ」と思うような感じでしょうか。そんな未来を学生たちと一緒に築いていきたいと思います。みんなも一緒に頑張ろう！

HSU Face ⑦

田中麻梨亜さん
（たなか まりあ）

人間幸福学部◆好きな授業は「宗教学入門」と「総合芸術論」。将来の夢は、人を癒せる歌手。

Q.1
なぜHSUを選んだの？

人を幸福にするための考え方などを深く学べる学校は、ほかにはないと思いました。

Q.2
今、力を入れていることは？

政治と英語の勉強です。政治は少し苦手だったのですが、若者がこれからの日本を創っていくと思うので、正しい歴史観を身につけたいです。

Q.3
HSUのお気に入りポイントは？

友達です。人々を幸福にするためにはどうしたらいいか」といった深い話ができます。また、「歌手になりたい」という小さい頃からの夢を応援してくれて、たくさんチャンスをもらえます。

Q.4
HSUに来て、成長したことは？

人のことを先に考えられるようになりました。「教学、反省、感謝をすると人って変わるんだ」と感じます。また、「仏法真理を広めたい」という気持ちがぐんと高まりました。

「総合芸術論」の授業で、生活習慣が変わりました！ TOPIC

「総合芸術論」という授業で、「インスピレーションを受け取るためには、器づくりが大切」と習いました。「特に、芸術家は環境整備からはじめること」というところが心に残ったんです。それで、身の周りを綺麗に保つように心がけていると、部屋でくつろげるようになり、朝も、シャンと起きられるようになりました。悩みがあっても、徐々に自分で解決できるようになり、「環境整備って、心の状態に影響するんだな」と感じています。友達にも家族にも「変わったね」「成長したね」と驚かれました。寮生活じゃないとできない経験だったと思います。

HSU Face ⑧

太田浩右さん
（おおた こうすけ）

人間幸福学部◆好きな授業は「編集・デザイン実習Ⅰ、Ⅱ」「イスラーム入門」。将来の夢は、「知的巨人」になること。

Q.1
なぜHSUを選んだの？
社会人として働いていたのですが、「知的巨人になりたい」という以前からの目標があり、HSU受験を決意しました。ここでの学びは、「自らの可能性への挑戦」と捉えています。

Q.2
今、力を入れていることは？

英語です。3年次までに、卒業目安のTOEIC730点をクリアしたいです。

Q.3
HSUのお気に入りポイントは？

社会人の頃は、時間が矢のように過ぎ去っていきましたが、ここでは密度の濃い時間がゆっくり流れている感じです。周りのHSU生たちの影響で、アンチエイジングになっているかもしれませんね。

Q.4
HSUで学んで感じたことは？

もう少ししごかれてもいいかなと（笑）。前期は授業を17コマ、後期は19コマとっており、毎日アルバイトをしながら課題をこなしました。せっかくHSUに来たので、できるだけたくさん学びつくしたいです。

TOPIC 知的巨人を目指して幸福の科学教学を学ぶ

社会人として働いていた時、「この延長のままの人生で終わっていいのだろうか」という思いがぬぐえませんでした。大川総裁の説かれる教えは根源の法ですし、今しか学べないことです。ＨＳＵでは、その法を幸福の科学教学として体系的に学ぶことができます。

今教わっているプロフェッサーの皆様のような知的巨人を目指して精進し、もっと自らを鍛えたいと思っています。そして、「いくつになっても希望の未来は開ける」という生き方を示すことを心に描いています。

010 キャリア支援

仕事のできる人材を育てる

“使える人材”を育成するキャリア・デザイン

学生の就職をサポートするキャリア支援室は、「キャリア・デザイン」の授業を通して「**真に使える人材**」「**仕事のできる人材**」を育成するとともに、インターン制度や資格取得の支援を通して、学生が人生計画をつくる手伝いをしている。

1年次に受ける「キャリア・デザインⅠ、Ⅱ」は全学必修で通年30回の授業だ。キャリア支援室の今井田俊一部長はこう語る。

「キャリア・デザインの授業には、三つの目的があります。一つ目は、自分とは何者なのかを知り、それを人に語れること。二つ目は、社会を知り、社会人に必要な基礎力を身につけること。そして、三つ目には、自分自身のキャリアをデザインすることです。言葉を換えれば、自らの今世の

「一人ひとりが自分の強みを発見し、生かすことができるようにサポートしたい」と語る今井田俊一部長。▼

人生の目的と使命を知り、天命・天職を見つけ、その実現のためのライフプランをつくり上げることです」

この授業の特徴の一つは、経営者やトップエリートらを招いて行うゲスト講話が含まれることだ。2015年度の授業では、延べ45人ものゲストを招いた。そのなかには、一部上場企業を一代で創り上げた創業社長や人気TV番組「カンブリア宮殿」でも採り上げられた有名企業の社長なども含まれる。また、話題のビッグデータの可能性やロジカル・シンキングなど、具体的なビジネス・メソッドをテーマにすることもある。

その際、一方通行で話を聴くだけでなく、学生によるインタビューを行う。インタビュアーは4人1組で、一人のゲストに対して2組で行う。インタビュアーに選ばれた学生は、事前に情報を収集し、質問内容を考えてリハーサルをした上で本番に臨む。参加型の授業にすることで、単なる座学に終わらせず、質問力を養成する機会にもなる。その結果、授業も「面白い」「役に立つ」と評判だ。

2年次の「キャリア・デザインⅢ、Ⅳ」では、キャリア実現のための「武器」となる「資格」の学習および取得に本格的に取り組む。TOEICなどの語学試験に加えて、1年次より簿記検定、秘書検定、宅建などへの取り組み

新村真由子スタッフ▶

をはじめている。経営・会計の数字が読め、ビジネスの基礎マナーを修めることは、社会人の必須の基礎能力と考えているからだ。簿記のクラスは、税理士・公認会計士の資格を持つ教員が直接指導を行う。すでに簿記検定の合格者が続々と誕生している。秘書検定試験も、ＨＳＵを受験会場として開催している。

また、3年次の「キャリア・デザインⅤ、Ⅵ」では、さらに具体的に「天命・天職とは何か」を探究し、それぞれのキャリア・プランを策定できるように導いていく。

1年次からのインターンシップ

ＨＳＵでは就職を見据えたキャリア教育の一環として、インターンシップへの参加も奨励している。インターンシップとは、長期休暇などを利用して、学生が企業での就業体験を行う試みだ。貴重な社会経験を得るとともに、希望する会社にスムーズに就職するために、広く世間で行われているが、1年次からのインターンシップへの取り組みはＨＳＵの大きな特徴となっている。

２０１５年の夏季休暇では、35社から計１５０名近いインターンシップの募集枠が提供された。首都圏を中心に、製造業から小売業、建設業、ＩＴ、医療機関に至るまで幅広い業種で学生が仕事の経験を積んだ。学生からは、「社会人は学生と違って、電話や接客など複数のことを並行して行っていることに驚いた」「おもてなしの精神がすごかった」「自分の未熟さを感じた。敬語の使い方や正しい礼儀作法ができずに困った」など、学びの声が相次いだ。

キャリア支援室でインターンシップを担当する新村真由子スタッフは、「インターンシップから帰ってきた学生からは、一回り成長した姿が見て取れました。特に、社会人になった自分から逆算して、今すべきことが明確になったという感想を多くの学生が持ったようです」と語る。

早い段階で社会の厳しさを知り、自身の足りない部分を自覚することで、座学だけでは学べない智慧を得ることができるのがインターンシップの魅力だ。

ここで、実際の企業の声を紹介する。

Interview

インターンシップ受け入れ企業の声

株式会社ヘルメスシステムズ 取締役 システム営業部 部長
花井正史さん

弊社は都内に本社を持つ、資本金1億7千万円、従業員90名のソフトウェアの開発を行う企業です。これまでさまざまな学校のインターンシップを受け入れていますが、HSU生のインターンも、システム開発及び営業で夏に合計4名、冬に2名受け入れました。

弊社では、インターンシップが決まると、全社員に対して、いつからいつまで、どの学校の誰が来ると通達します。当初は、宗教系の学校ということもあり、受け入れ先の部署ではやや身構える部分もあったようですが、実際にHSU生を迎えてみて、仕事能力や、潜在能力の高さに皆驚いたようでした。

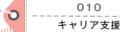

私も、最初にＨＳＵ生と面談をした際、すぐに「ヤバイ、逆に私が面談されている」と思いました（笑）。会社では、「何いってんだ花井さん」といわれました。

しかし、実際に来てもらって、まず音《ね》をあげたのが、研修担当です。システム開発を指導するなかで、研修生用に用意していたことを次々に覚え、さらに覚えたことに対し、これもできますか、あれもできますかと的確な質問が来る。こんな子たちが将来入社してきたら、自分たちの仕事がなくなる、ハローワーク行かなきゃと（笑）。普段からインターンを受け入れていたからまだよかったですが、それがなければお手上げだったかもしれません。

もちろん学生ですから、まだ事務処理が遅いなどということは指摘できますが、ほかの学生とくらべても、しっかりとした「芯」をお持ちですから指導もしやすかったようです。また言葉遣い、服装、髪型などとてもきちんとしていて、礼儀正しい点も、印象的でした。

本音をいえば、ほかの企業様はインターンシップ受け入れをやめて頂きたい。ぜひ弊社だけに来てほしい（笑）。それくらいウェルカムです。ＩＴ業界は、差別とか偏見とかが基本的にありません。弊社にも、色々な宗教を信じている者がいますが、思想・信条での差別など一切ありません。

むしろ、ＨＳＵ生が来ることで、会社の雰囲気もよくなり、大口の顧客が取れたり、潜在的な課題が浮かび上がって解決に向かうなどのイノベーションが進みました。

今後は新たに総務職でもインターンシップを受け入れます。ぜひ多くのＨＳＵ生の参加をお待ちしています。

参加した学生の声

株式会社勝美ジャパンでインターンに参加

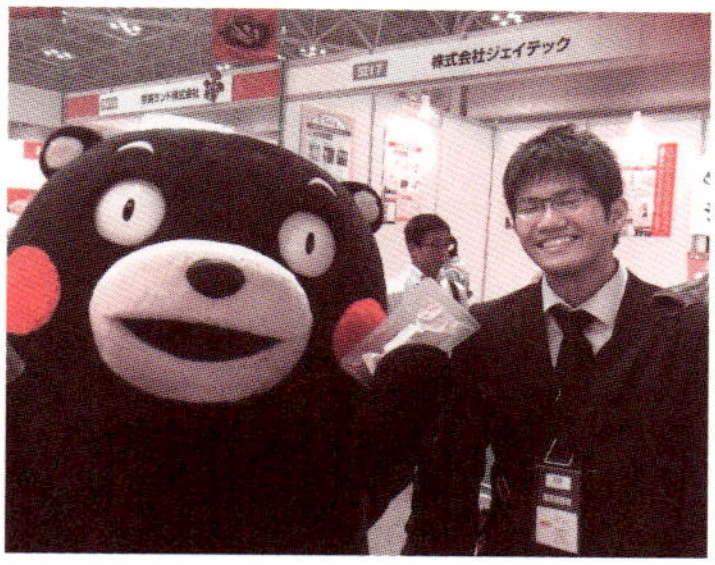

堀部晋平さん
（経営成功学部２年）

私は「キャリア・デザインⅠ」の授業でインタビューした社長さんが大変魅力的だったので、この会社に応募しました。

丸２週間という、比較的長期のインターンで、正直、不安や緊張もありましたが、会社はとてもよい雰囲気で、さまざまな仕事をさせて頂きました。

印象に残ったのは、大人の方の仕事にかける「本気さ」を垣間見たことです。客観的に見て、まだまだ学生である僕たちのやっていることは甘いことが分かりました。そんな「現実」を踏まえた上で、自分に何ができるかを考えるようになりました。

また、「真理企業※」と一口にいっても多様であることを知りました。また、B to Bの魅力について、英語を実際に活用することの大切さや、日々のなかに創意工夫を重ねることの大切さなど、さまざまなことを学び、考えさせられた２週間でした。

始業前に１時間水泳をし、週末にも仕事をして疲れた顔ひとつ見せず、いつも溌剌《はつらつ》としていた社長の姿に、体力づくりの重要さも思い知らされました。

貴重な機会を提供いただいた社長をはじめ社員の皆様に、あらためて感謝の気持ちで一杯です。

※仏法真理を学び、それをもとに経営している企業のこと。

個性輝く自由な活動

HSUでは、約30の団体が公認の部、またはサークルとして活動している（2016年3月現在）。なかには、他大学では見られない「HSU生ならでは」の個性豊かな活動も多くあり、地域との交流も盛んだ。ここでは、現在公認の部とサークルのあらましを紹介する。

▲2016年2月に愛国サークルが主催した伊勢神宮ツアー。サークル外からも多くの学生が参加した。

HEAD実行委員会が開催するプレゼン企画。▼

◀バスケットボール部。顧問の渡邉チェアマンが練習に参加することもある。

公認の部

①仏法真理サークル
仏法真理の学習や実践に取り組んでいます。

②HEAD実行委員会
日頃の研究成果を熱く語りたい学生のプレゼンの場「HEAD」を開催！

③サッカー部
サッカーで体力・精神力・協調性を高めます。

④El Harmony（エル・ハーモニー）
HSU祭やエル・カンターレ祭などの行事で聖歌を奉納します。

⑤バスケットボール
まずは地域の大会で上位進出を果たしたい！地域のチームとの交流試合も行っています。

⑥美のサークル「Spica」
学祭では「ミス&ミスターHSUコンテスト」を主催しました。

⑦IES
学内SNSや学内サイトを製作し、ウェブの面から学生の生活をサポートします。

▲幸福の科学学園チアダンス部ＯＧが立ち上げたグラン・エールの演技は、地元のイベントでも好評を得ている。

◀2015年７月に開催された「御生誕祭」では、奉納歌を奉納する聖歌隊に「El Harmony」が参加した。

⑧作務サークル
作務を通じて地域に貢献しています。

⑨Grand Ailes（グラン・エール）
ダンスで人々の心に光を！

⑩写真部
日常風景の撮影やイベントの記録に活躍。

⑪HSU music club
ＨＳＵ祭テーマソングなどの作詞作曲をしています。

⑫宇宙工学研究会
新たな科学の開拓に挑む！　衛星の打ち上げを目指しています。

⑬大富豪研究会
古今東西の大富豪を研究し、大富豪マインド・経営成功マインドを学びます。

⑭ＨＳＵ学生メディア事業部
映像作品の製作や広報活動に励んでいます。

⑮愛国サークル
愛国心を育むイベントを開催しています。

⑯ＴＷＤボランティアサークル
地域へのボランティア活動をしています。

「だんすぶ。」がＨＳＵ祭で披露したフラッシュモブ。▼

◀仏光物理学研究会は、大川総裁の経典『黄金の法』に説かれている「仏光物理学」を探究している。

他にもこんなサークルが！

公認団体以外にも、マリンスポーツ、料理、テニス、演劇、アウトドア、ジョギング、宇宙人研究など、さまざまなサークルが活動しています。

公認団体（サークル）

①仏光物理学研究会
仏法真理と現代物理学の融合を目指しています。

②Sunshine lord
「感謝の心」を伝えたい！　音楽サークルです。

③悟り研究部
精舎研修に参加しながら、仏法真理の学習と実践を深めます。

④ニコニコファーム
地域と交流しながら、おいしい野菜を栽培します。

⑤軟式野球部
精神と技術を磨きます。

⑥マジで千読
「千冊の読書」を目標に、オススメ本の情報交換などをしています。

⑦とーいっく満点 Challengers
ＴＯＥＩＣ満点を目指し、英語学習を習慣化させるサークルです。

Pick UP!

作務《さむ》サークル

副代表　下戸《しもと》 聡《さとし》さん
（未来産業学部２年）

私たちの活動の中心は、「作務」です。週２回、礼拝堂の作務をさせていただいたり、日曜日には近くの公道のゴミ拾いをしたりしています。作務は、一見すると「掃除」に見えますが、単なる掃除ではなく、ひたすら純粋な心で主に奉仕する「信仰の実践」です。静寂のなか、心の針を天上界に向けながら作務に打ち込んでいると、何ともいえない幸福感がこみ上げてきたり、インスピレーションがいただけたりします。そうした発見をお互いに話し合うのも作務サークルの楽しみです。

また、メンバー同士の仲がよく、作務のあとに一緒に食事をしたり、メンバーの誕生日会で盛り上がったりもします。作務を通して信仰と友情を深められるのが作務サークルの魅力です。

⑧バレーボールサークル
互いに協力し合って活動しています。対外試合もします。

⑨だんすぶ。
ダンスを通して感動を与えます。フラッシュモブも行います。

⑩サブ★カル
サブカルチャーの研究・発表をしています。

⑪ユニバーサル美術サークル
HSU内のデザインの仕事も請け負います。

⑫Healing Prayers
毎日の祈りを通じて、悟りを高めるサークルです。

012 学生体験談

びが
を変えた!

ハッピー・サイエンス・ユニバーシティの学生は
勉学に励む一方で、
人間としての総合力を増し、
「徳あるリーダー」になることを目指している。
彼らの話から見えてくるのは、
「学業も、寮生活も、サークル活動も、そのほかの課外活動も、
自分を成長させるための貴重な機会だ」
と捉えていることだ。
ここでは、3名の学生をピックアップして、
心の成長を紹介する。

3 Experiences

HSU《ハッピー・サイエンス・ユニバーシティ》での学運命

Case 1 引きこもりだった僕が、「ミスターHSUコンテスト」でグランプリをとるまで

山本龍太さん（未来産業学部2年）

Case 2 友人の自殺を乗り越え、自分の使命に気づいた

中峯千陽さん（未来産業学部2年）

Case 3 世界を笑顔にする「おもてなしの精神」を見つけたい

栗原優香さん（経営成功学部2年）

（前列右）
山本 龍太さん
（未来産業学部2年）

引きこもりだった僕が、「ミスターHSUコンテスト」でグランプリをとるまで

「ミスターHSUグランプリは、エントリーナンバー3。山本龍太さんです！」

2015年11月14〜15日に行われた、第一回HSU祭の「ミス&ミスターHSUコンテスト」。そこで僕は、「第一期ミスターHSUグランプリ」という栄誉をいただきました。この日を迎えるまで支えてくれた人たちの顔がよぎります。スポットライトを浴びて拍手を受けている自分と、HSUに来る前の自分は、われながら「別人のようだ」と感じていました。

なぜなら、ちょうど一年前の今頃、僕は将来が見えずにふさぎ込み、引きこもりになっていたからです。

受験に失敗して、引きこもりに

高校3年生の頃、友達とぶつかったり、何のために勉強しているのかわからなくなったりなど、悩みが重なって鬱々《うつうつ》とした毎日を過ごしていました。学校ではほとんど誰とも口をきかずに過ごし、勉強に手がつかず、その結果、大学受験に失敗してしまいました。

浪人してからも、「教育学部に行きたいと思っていたけれども、本当にそれが自分のやりたいことなのだろうか」と自問を繰り返す日々。いくら考えても答えが見つからず、だんだん家から出なくなり、ただずっと寝ているようになりました。

「このままじゃ駄目だ」と思い、僕は家の書棚にあった、大川隆法総裁先生の経典を手に取りました。そして、「親が信者だから僕も信者になっているけど、本当に幸福の科学を信じていていいのだろうか。この教えは本物なのか。もし本当なら、何かヒントがあるんじゃないか」。そんな気持ちで、受験勉強もせずに百数十冊の経典を読みふけりました。

「自分が本当にしたいことを見つけたい」

両親がハッピー・サイエンス・ユニバーシティ（HSU）への入学を勧めてくれたのは、そんなときのことです。幸福の科学の教えには関心がありましたが、はたして自分が馴染《なじ》めるのか、不安がありました。でも、「自分が本当にしたいことを見つけたい。親も勧めてくれているし、進学してみよう」と思い切って決めました。

とはいうものの、入学してしばらくは、周りの学生たちを冷めた眼で見ている自分がいました。「幸福の科学の信者なのに、こんなこともできないのか」と裁いたり、誰かが褒めてくれてもバッサリ否定してしまったり。さらには、「どうして幸福の科学を信じているの？」「親に勧められたから信じているんじゃないの？」などと訊いて回ったこともあります。皆はそれぞれの言葉で、幸福の科学の教えを信じる理由を丁寧に教えてくれました。

そのとき感じたのは、「信仰や人生についてここまで深く考えている人には、地元の高校などでは会ったことがない」ということでした。そして、「ここにいる人たちは、いい人たちだな。この人たちから学べることがあるかもしれないな」と少し素直な気持ちになっていきました。

心の奥に隠していた「うずき」

実は高校1年生の頃から、心のなかに漠然とした夢がありました。それは、「芸能活動などで自分自身を表現の手段として生かし、人に何かを伝えたい」という気持ちです。でも、「芸能人なんて、笑われる。現実的じゃない」と思い、心の片隅にずっと追いやっていました。

HSUに進学して1ヵ月ほど経ったある日、その夢に近づく小さなチャンスが訪れたのです。

それが、「ミス&ミスターHSUコンテスト」の公募でした。ずっと隠していた夢は、本当に自分に合っているのだろうか。自分はその活動に生きがいを感じられるのか。人を惹きつける魅力を持てるのだろうか。それを試したくて、応募しました。

エントリーからHSU祭の最終選考までの約半年間には、さまざまな活動が待っていました。途中選考で10名のファイナリストが選ばれ、ファイナリストのプロモーション用写真や映像を撮影します。歩き方の練習や、ウェブでのPR活動もしました。それは、純粋に楽しい経験でした。

仲間の頑張りに気づいた瞬間

僕の気持ちが大きく変わりはじめたのは、このコンテストを支える「HSU祭実行委員 ミス&ミスターHSUコンテスト局」のリーダーや、スタッフの皆の頑張りに触れてからです。

彼らは、「信仰に基づいた美を発信する」という理念を掲げていました。ファイナリストの選考やプロモーションでも、常に、「新時代の美とは何か」「内面からの輝きとは何か」を問いながら、それに答えようと活動していました。「既存の大学のミス・コンテスト、ミスター・コンテストとは、かたちは似ていても、根本的に違うのだ」という運営側の自負があったのです。

そうした理念を真顔で語るリーダーの姿に、正直、最初は「本気でいっているのかな」と戸惑いました。まるできれいごとにしか聞こえなかったからです。でも、夜遅くまで身を粉《こ》にして頑張るリーダーの姿を見ていて、あるとき気づいたのです。

「この学校の人たちは、僕のような冷めた人間には〝きれいごと〟にしか思えない理想を、本気で実現しようとしているのだ。何のためかといえば、今の僕にはまだわからないけれど、きっと、神仏の理想のためなのではないか」と。

こんな運営スタッフの熱い念《おも》いに支えられて表舞台に立たせてもらっている自分が、中途半端な姿勢でいいはずがない。自然とそう思えるようになりました。

教えを実践し、笑顔を心がける

そしてあらためて、「僕にできることは何か。僕にとっての内面の輝きとは何だろう」と考えてみました。そのときに思い浮かんだのが、『成功の法』に書かれている一節です。それは次のような言葉です。

「『笑顔は努力に比例する』という言葉を胸に刻んでほしいのです。『笑顔は努力に比例する』ということは、『笑顔の人は、それだけ、笑顔をつくろうと努力してきた』ということです。（中略）笑顔は、人に対する施《ほどこ》しでもあります。笑顔を持った人が一人でも多く出ることが、世の中がよくなっていくための方法でもあるのです」

今までずっと、「自分を変えたい」と強く思いつつも、何かにトライしては挫折していました。でも、「コンテストで『ミス

ターHSU』を目指そうというのだから、少なくとも笑顔くらいは努力しよう」と心に決めたのです。

まず、寮の自室のドアノブに、「鏡の前で笑おう」と書いた付箋を貼りました。そして朝、扉を開ける前に毎日、鏡に向かってニコッとすることからはじめました。また、朝が早くて眠いときに友達に会っても笑顔で挨拶するようにし、人に話しかけるときは笑顔をつくるように心がけました。

はじめてみて分かったのですが、「笑顔は努力に比例する」という御言葉通り、意識して努力しないとなかなか笑顔でいることはできません。

でも、それを続けるうちに、「笑顔でいると、気持ちも明るくなり、積極的な自分になれる」という笑顔の力に気づいたのです。数週間続けると、周りの人から、「山本君、変わったね」といってもらえるようになりました。

ほかにも、「授業をさぼらない」「夜更かしをしない」など、人として基本的なことではあるけど今までなかなか習慣化できなかったことに取り組みました。「ミスターHSU」になったとしても恥ずかしくない、ふさわしい自分になりたいと思ったのです。

たくさんの人に支えられ、ミスターHSUへ

そして、2015年11月のHSU祭の日。僕は「ミスターHSUコンテスト」でグランプリをいただくことができました。半年間、自分なりに真剣に取り組んできただけに、とてもうれしかったです。

でも、もっとうれしかったのは、「信仰に基づ

いた美を発信する」という大それた理念を真面目に貫いたリーダーのもと、スタッフと出場者が一致団結し、この企画を成功させることができたことです。その途上では、衣装を貸してくださる方や、資金的に協力してくださる方にも恵まれました。

ＨＳＵに来て1年、とてもたくさんの人に支えられました。「次は、僕が誰かを支えて、輝かせる側になりたい」と思い、次回のミスコンでは運営側にまわって、出場者をサポートしようと考えています。今度は〝大それた理想〟を真面目に掲げるスタッフとして。

もし、この手記を読んでくださっている方のなかに、「生きる意味がわからない」「夢が見つからない」といった思いを持っている受験生がいるならば、「ＨＳＵは、その悩みや問題を解決する手助けを必ずしてくれる学校です」と伝えたいです。案外、「自分には関係ない」と思っている人が、一番関係のある人だったりします。

僕自身が、そうだったように。

体験談
Case 2

友人の自殺を乗り越え、自分の使命に気づいた

中峰 千陽《ちはる》さん（未来産業学部２年）

「ＨＳＵなんて行きたくない」

高校3年生の夏まで、私はＨＳＵに進学する気はまったくありませんでした。両親が幸福の科学の信者なのですが、宗教の悪いイメージが嫌で、母とは喧嘩ばかりしていました。

あるとき、受験のための塾を探していたら、仏法真理塾サクセス№1から電話がかかってきて、試しに訪ねてみることにしました。すると、思っていたより抵抗感もなく、心地よく勉強ができそうだったので、夏休みに行われた受験生合宿にも参加。そこで、同年代の子たちと会って驚愕《きょうがく》したのです。

信仰を持っている子は皆、志があって、ハートが熱くて、尊敬できる人ばかりでした。そして、口を揃えて「HSUに行く！」というので、「HSUってそんなに魅力的なのかな」と、興味を持ちました。

突然の悲劇

受験勉強もいよいよ本番にさしかかったとき、衝撃的な出来事が起こりました。小学生の頃から仲のよかった友人が、自殺をしたのです。

「どうしてこんなことが起こったんだろう」と混乱して気が滅《め》入《い》ってしまい、心がぐちゃぐちゃのまま、サクセス№1の講師に相談しました。すると、その方は友人のために一緒にお祈りしてくださったあとに、こんな話をしてくれました。

人間は死んだら終わりじゃなくて、魂になってあの世に行くこと。人間がこの世に生まれてくるのは、新しい経験を積んで、魂を磨き、光らせるためで、それぞれの人が使命を持っていること。そのことを、亡くなった友人に、心のなかで語りかけてあげてほしいこと。

はじめて魂の真実を聴き、涙が止まりませんでした。「私も使命を持って、この世に生まれてきたんだ」と熱いものがこみ上げました。ショックを受けているほかの友達にも、教えてもらったことを自分の言葉で一生懸命伝えると、泣きながら聴いてくれました。

そのとき、「幸福の科学のことを何も知らない人でも、こんなに感動して、救われるんだ。やっぱり、仏法真理は本物なんだ」と確信したのです。

同時に、志が固まりました。

「きっと、友人は『あの世はない。あったとしても、死んだら今の苦しみから逃れられる』と思って自殺した。もし、本当のことを知っていたら、絶対こんなことはしなかっただろう。何もできなかった自分がはがゆい。もう二度と、こんな悲しいことをさせないためには、本当にこの真理を広めていかないと駄目なんだ。これが、私の使命なんだ」

そして、今の私だから学べること、人間にとって一番大切なことを学べるＨＳＵに進学しようと決意しました。

高め合える友人に出会えた

受験を終えてＨＳＵに来ると、すばらしい人ばかりいて、あらためてびっくりしました。素直にお互いのいいところを褒め合えるし、ちょっとした諍《いさか》いが起きても相手を責めたりせず、「私のどこがよくなかったのかな」と、自分をふりかえっているのです。「ここにいる人たちって、お互いを高め合える存在だな」と思いました。

地元の友達には、「宗教でしょ？　お祈りばっかりやってるの？」と聞かれたこともありますが、「全然強制されることもないし、とても楽しいよ」と返しました。ＨＳＵの近くでアルバイトをはじめたときも、「あの宗教の学校でしょ。やばいんじゃないの」と最初はいわれていましたが、まじめに働いていたら徐々に信頼してくださるようになり、今ではとても親切にして頂いています。ＨＳＵ生である私の行い次第で、宗教に対する先入観も払拭していけるんだと思いました。

授業については、はじめは焦りもありました。幸福の科学を信じはじめたばかりの私にくらべ、周りの子たちは総裁先生の経典をたくさん読ん

中峯さんの自室の棚。
友人らが写真に撮って、参考にしているという。▶

でいたからです。でも、「創立者の精神を学ぶⅠ、Ⅱ」などの講義には、仏法真理のエッセンスがギュッと詰まっていて、どんどん吸収できました。もともと読書の習慣はなかったのですが、知りたかった真理をどんどん学べるので、本を読みつづけられるようになっていったのです。

ＨＳＵの友人は、仏法真理のことを教えてくれたり、「千陽って、こんなところがすごいよね」といってくれたりします。そのたびに自分のいいところを発見でき、好きになっていくことができました。逆に私は、部屋の整理整頓《せいとん》が得意なので、寮の自室をどうやって整理しようか悩んでいる子にアドバイスをしたり、収納家具を一緒に買いに行ってつくったりして、癒される部屋づくりをお手伝いしました。

建築を通じて、癒しと幸福を広げたい

「部屋の状態は心の現れだ」といいます。それに、環境によって、心境が上がったり下がったりすることもあると思うんです。だから私の夢は、建築やインテリアコーディネートを通じて、世の中の人に癒やしや幸福を提供することです。そして、もし私が成功できたら、「私はＨＳＵでこういうことを学んで、こういう考え方を持っていたから成功できました」といって、仏法真理の素晴らしさを弘めていきたいと思っています。

体験談 Case 3

世界を笑顔にする「おもてなしの精神」を見つけたい

栗原　優香さん（経営成功学部2年）

ホスピタリティに興味を持つ

高校生の頃、私は接客のバイトをしていました。お客様をとても大切にするお店だったので、私も自然とホスピタリティに興味を持つようになりました。そしてあるとき、「心を込めておもてなしをして、それが伝わると、お客さんも笑顔になってくれて、私まで幸せになれる」という体験をしたのです。

以来、漠然と、「接客は私の天職かもしれない」と考えていました。そしてＨＳＵに進学して１

年目、ある二つの経験が、私を大きく変えたのです。

考え方の違う人を理解するには？

ＨＳＵに進学してすぐに、私は「ミス＆ミスターＨＳＵコンテスト」のスタッフになりました。通称「ミミコン」といって、ＨＳＵ祭で開かれる美のコンテストです。ＨＳＵ生のなかから女子学生５名、男子学生５名、計10名のファイナリストが選ばれ、５月から11月のコンテストまでの間、色々な活動をします。

「信仰心から、内面と外面の両方を美しくする」ことを目指しており、私は、「外面の美プログラム」をつくるリーダーと、10名いるファイナリストのうち二人をトータルサポートする役をさせて頂きました。

最初はみんな、笑顔がぎこちなくてＤＶＤを見て練習したり、ウォーキングや体幹づくりをしていきました。けれども、「彼女たちを輝かせるには、どうしたらいいのかな」と考えているうちに、「もっと相手のことを深く知らなくてはいけないのでは」と感じるようになったのです。

それまで私は、自分と似たような人とだけ仲良くしていて、違う考え方をする人とは「意味がわかんない」と距離を取っていました。また、友人と深く語り合ったりすることはありませんでした。けれども、ちょうどその頃受けた、「基礎教学Ａ」の授業のなかで、「それぞれの人にいいところがある」「違いを超えて、愛を与え合うことの大切さ」を学び、「このままじゃ駄目だ」と思ったのです。

それからは、性格が正反対の子や違う考え方をする相手に対して、「この人はどんな人なんだろう。どうしてこの人はこういう考え方をするんだろう」と観察するように心がけました。すると、「あ、なるほど。こういうわけで、こんな考え方をするんだな。素敵だな」と思えるようになっていきました。心の深いところで理解できるようになると、ミミコンメンバーだけではなく、自然と、仲良くできる人の幅が広がったんです。

信仰は、目に見えないけれど伝わるんだ

仕事を進めていくうちに、自分の仕事の仕方にも疑問が湧いてきました。きっかけは、「幸福の科学成功論」の授業で、「本当の成功には、愛が必要である」と学んだことです。「今まで私は、『どこまで頑張れば、評価してもらえるかな』と思いながらやっていたけれど、それは違うのかもしれない。『どうしたら、この仕事を受けた人に喜んでもらえるか』を考えていなかったのではないか」と気づいたのです。

それからは、「仕事って、愛の実践だ。相手が喜んでくれる仕事をしよう」と心がけるようになりました。

コンテストに向けて皆の笑顔が綺麗になっていくのを見ていると、「総裁先生がおっしゃる通り、美とは表現愛なんだな」と感じます。こうして、「神への信仰は本当に美しいことを伝えよう」と、徐々に一致団結していきました。

ＨＳＵ祭当日のコンテストでは、舞台を見て涙を流してくれる人や、「感動したよ」と声をかけてくれる人もいました。「目に見えない信仰は、こういうかたちで伝わるんだな」と実感できる体験でした。

努力って、楽しい！

私の前には、一つの壁がありました。それは、英語への苦手意識です。

ＨＳＵ祭が終わり、経典『太陽の法』を読んでいたときのこと。「**努力をしない人間は、仏の子とはいえません**」というフレーズが、私の心にひっかかりました。

実は私には、ちょっとトライしてみてできないことがあると、「私には無理なんだ。関係ないことなんだ」とＵターンしてしまう癖がありました。だから、総裁先生の御言葉に触れたとき、「そうだ。できないことにも取り組んで、努力しなきゃ」と強く感じたのです。

また、同時期にピラミッド型礼拝堂で行われた「七の日感謝式典」のなかで、宗教教育担当の方が、説法で英語の大切さを教えてくださいました。それを受けて、「私が英語をやらなくて、誰が世界を変えるんだ。たくさん勉強して、海外へ行こう」と決意したのです。

ＨＳＵの皆は英語がすごくできます。それにくらべて私は、一番下のクラスなので、劣等感や不安もありました。けれども、「大丈夫。一週間前の私より、ちゃんと成長している」と自分を励ましながら勉強を続けていくと、だんだん、自分が成長していく姿を客観的に見られることが楽しくなってきたのです。「私が頑張って英語を覚えていくことで、どれだけ多くの人を救えるんだろう。幸福にできるんだろう」と思うと、ますます「もっと頑張らないと！」という気持ちが湧いてきました。

気づけば、努力が苦手だった自分が、「努力って楽しい！」と思うようになっていたのです。

世界を愛で満たしたい

私の夢は、海外に出て、さまざまな地域に合った「おもてなし」を学び、世界に共通する「おもてなしの精神」を見つけることです。おもてなしのプロフェッショナルとして、色々な人を笑顔にする方法を学び、それをまた多くの人に伝えていけば、「愛を与える人」がどんどん増えて、地球が笑顔でいっぱいの星になると思うんです。

また、日本の文化も大好きなので、いずれ旅館を経営して、「日本を愛する心」を弘めていきたいと思っています。

こんな風に大きな夢を描いて努力できるようになったのは、HSUの周りの人たちのおかげです。みんな、それぞれ違うやり方ではあるけれど、「地球をユートピアにしたい」という同じ理想に向けて目標を立てて努力をしているので、その姿にすごく感化されています。

これからも勉強に課外活動に努力し、仏法真理を学び尽くし、たくさんの人に笑顔をあげられる私になりたいと思っています。

▲ミミコンスタッフとミスHSUファイナリストメンバーと。栗原さんは、前列右から3番目。

HSU業者協力会
「私たちが見たHSU生の素顔」

「HSU業者協力会」は2014年末、生活回りのサポートやアルバイトの斡旋《あっせん》などを通じてHSU生を支援するために結成された。現在、長生《ちょうせい》村、茂原《もばら》市に拠点を持つ10の業者が加盟しており、今回は会員の方々にHSUへの印象などを語ってもらった。

（聞き手：HSU出版会）

HSU生と接してみて、どう感じましたか?

秋葉　基本的なことかもしれないんですけれども、納品や営業に来たときに学生さんが挨拶をしてくれるのが印象的です。

渡辺　そうですよね。来たときに「こんにちは」っていってくれると助かります。

横堀　対応が親切ですよね。うちは、アイスクリームの自販機を寮に置かせていただいているんですけど、寮の入り口に金色の神様の像があられて、必ず学生さん達はその像に拝んでから部屋に入っていくんです。若いのにすごいなって思います。

石川　大人であっても、ＨＳＵの学生さんに見習わなければいけないことが実はいっぱいある気がしています。私は彼らを実の弟や妹のように思っているので、

渡辺直志さん
〈茂原自動車教習所〉

横堀喜一郎さん
〈㈱よこぼり本店〉

秋葉宗一郎さん
〈㈱秋葉商店〉

会長：石川博康さん
〈㈱ビューランド〉

「ここで勉強してよかった」と思えるようにお手伝いしたいです。

高橋　私は学園祭のときに印刷物の件で相談に乗らせていただいたのですが、担当の子はもう社会人のような言葉遣いで。印刷って専門的でよくわからない人が多いと思うんですが、その子はちゃんと勉強されたんでしょうね、話が通りやすくて助かりました。なんにしても、色々興味を持ってやっているんだなという印象を受けました。

北澤　私は、もっと固い人たちかと勝手にイメージしていましたが、話してみると全然そんなことないので、ほっとしました。

渡辺　ほんと、挨拶とかがしっかりしていること以外、普通の学生ですよね。私の知り合いは、カフェテリアにご飯食べに行っていると話してましたし。ここ、入っていいんでしたっけ？

南　いいみたいですよ。私も週1回、HSUのカフェテリアに来るようにしているんですよ。「何かお役に立つことがあればいってね」といつもいって。顔を覚えてくれてからは、プライベートな相談を受けることも多くなりました。

　あと、学生さんはみんな、すごくおしゃれです。

横堀　ジャージ姿の子がいないですよね。

田中　感心したのが、この間、5、6人の学生さんが、近くでゴミ拾いをしていたんですよ。あれ、自主的にやっているんでしょうね。

　近所の人たちも、だんだん馴染んできて、学園祭に来ている人もいました。うちにもチラシを配りに来てくれた学生さんがいて、感じがよかったです。

稲垣　私は正直、先入観があって、もっ

田中知子さん
〈㈲ハーフヒルズ〉

北澤知里さん
〈㈱大富士〉

伊藤善一さん
〈㈲オートウィル〉

と陰がある学生さんたちがいると思っていたんです。でも、最初にカフェテリアに来たとき、学生さんたちが皆、志を持って学んでいる雰囲気を感じました。挨拶もそうですし、キャンパス内を見ても、煙草の吸殻とかゴミとか落ちてなくて、「意識が高いのかな」って感じました。

これからのHSUに期待することは？

横堀　大学として不認可になったときは、こんなに厳しいのかっていうのが第一印象でしたね。建物も建てて、これだけ要件を揃えたのに、なぜかなって。けれども、次の申請に向けて、地元から地道にいい評判を立てていくこともできると思うんです。

秋葉　経済的にも活性化しているので、HSUさんが来てくれてありがたいですよね。

石川　私も微力かもしれないですけど、熱意だけはありますから、「こんなときこそ支援させていただこう」といっていました。私たちのような、信者でもない一般の人間が協力しているというのは、強みだと思います。この輪を広げていけば、必要な時期に何か協力できるはずなんです。

だから、一日でも早くHSUが大学になることが、一つの目標です。必ず打ち破れると思いますので、ここは気持ちを一つに前を向きましょう。

秋葉　そういう意味では、逆に結束が強まりましたよね。

伊藤　宗教だからといって溝をつくっている人もいますけれども、これからの未来を考えるとやはり、長生村に若い人が

稲垣勝利さん
〈さくら歯科クリニック〉

高橋邦夫さん
〈㈱豊文堂〉

南眞弓さん
〈日本生命保険相互会社〉

集まってくれる環境を整えてくださったわけですから、感謝したいですね。

北澤　今後、どんどん学生さんが増えてくると思いますが、困ったときは気軽に声をかけていただけるようになったらいいなと思っています。

横堀　あとは、出来る限り街に出て、自分はＨＳＵの学生であるといって、その礼儀正しさとか、優しさとか、街を大切にする心を示して頂きたい。地元の理解が深まると思います。

田中　どんどん自己アピールをして、いい子たちだって分かってもらえるといいですね。

南　私も、会社の方や周りの人に色々とお話ししていますが、学生さん達も頑張ってもらって、認知度を上げていけるといいですね。

高橋　さきほどから出ている礼儀正しさとか、服装がきちんとしているとか、そういったところを残して純粋なまま育ってほしいですね。いずれ卒業されると思うんですけど、「長生村に来てよかったな」と思えるような学生生活を送ってもらえればいいなと思います。

稲垣　ここで学ばれることがこの先の人生の糧とか武器になっていくと思うんですけれども、「この地に来たからこそ培えたもの」というのを卒業までに得ていただけたらいいですね。広大なキャンパスなので、学園祭以外にも地域住民との交流を図るイベントを催してもらうのもいいかもしれないな。

石川　皆さん、個性も素質もある人たちなので、正しく学び、卒業してもリーダーシップをとって、世界へ羽ばたいていかれることと思います。

014　未来創造学部

2016年4月

未来創造学部
東京キャンパスで開設

開学2年目にして新学部を創設

２０１６年４月、ＨＳＵは開学２年目にして早くも新しい学部を開設した。「政治・ジャーナリズム専攻コース」と「芸能・クリエーター部門専攻コース」を擁する未来創造学部である。

同学部生は、４年制の１年次は千葉県の長生《ちょうせい》キャンパスで学ぶが、２年次以降は東京キャンパスに通う。東京キャンパスの校舎は、２０１６年度は港区の赤坂で、２０１７年度からは江東区の東陽町に移す。

そのミッションは、多くの人々を幸福にする政治・文化（芸能）の新しいモデルを探究し、マクロ的影響力を持つ徳ある人材を数多く輩出することだ。泉聡彦《としひこ》ディーンは、学部の特徴をこう語る。

「二つの学部で政治家やジャーナリスト、キャスターのほか、俳優などのスター、映画監督などのクリエーターまで輩出するというと、対象が広すぎるように感じるかもしれません。しかし、実は〝創造性〟と〝人の心をつかむ力〟が必要という意味で共通しているんです。必修科目の『未来創造学入門Ⅰ、Ⅱ』では、政治学から法律学、経済学、ジャーナリズム研究、さらには創造性や人気の研究に至るまでを統合し、授業を展開していきます」

「実践的」であることも、未来創造学部の特徴の一つだ。教員陣には、外交や軍事の専門家や法律家、ジャーナリストをはじめ、俳優や音楽家、映画監督、プロデューサーなどが顔を揃える。言論活動や作品制作など、実践の機会も設ける。特に、「芸能・クリエーター部門専攻コース」では演技やヴォーカル、ジャズダンス、日舞《にちぶ》、映像制作などの実習・演習科目を充実させている。同コース長の中田昭利《あきとし》氏は「幅広い分野の科目を用意していますが、映画製作の人材の養成と、俳優やタレントの輩出が二つの柱。どちらも、感動を与えることのできる人を育てたい」と語る。

テキスト・参考著書

テキストなどは先行して発刊されている。

『HSUテキスト7 未来創造学入門Ⅰ(上)』☆
泉 聡彦 編著

『HSUテキスト12 未来創造学入門Ⅱ』☆
泉聡彦・中田昭利・松本弘司・小田正鏡・愛染美星 編著

『感動を与える演技論』☆
小田正鏡 著

『新時代のクリエイティブ入門』☆
松本弘司 著

『ハリウッドから学ぶ 未来をつくる「感性」の力』(予定)☆
中田昭利 著

『愛と勇気のジャーナリズム』☆
『GDPを1500兆円にする方法』★
『「奇跡」の日本近代史』☆
綾織次郎 著

『理想の憲法を求めて』☆
佐藤悠人 著

☆はＨＳＵ出版会刊
★は幸福の科学出版刊

世界最先端の都市で未来を創造する

同学部が東京にキャンパスを構える理由については、松島弘典バイス・チェアマンがこう説明する。

「東京は世界一クリエイティブな都市です。政治を動かしているのも、最先端の文化を創り出しているのも東京です。幸福の科学グループも、月刊『ザ・リバティ』で20年以上も言論活動を続けています。映画もすでに10本製作しました。いずれも東京を中心とした活動です。学生たちにもそうした創造・実践の場に関わってもらうつもりです。その意味で、東京に足場を置くことが大事になりますし、世界を動かすには、やはり東京から発信する必要があるのではないでしょうか」

なお、同学部には、両コースとも現役活動中の方や既卒者などを想定した2年制の短期特進課程も設けられている（キャンパスは2年間とも東京）。

開設したばかりとあって、具体的な成果はこれからだが、「他学部から転部してきた2年生や新1年生は志の高い人材が多い」（泉ディーン）という。彼らの今後の成長が楽しみだ。

泉聡彦ディーン

「政治・ジャーナリズム専攻コース」のコース長でもある泉ディーンは、「HSUは現代の松下村塾《しょうかそんじゅく》といわれますが、政治の勉強をする本コースは、まさに志士を数多く生み出すコース。真の人材を育てる**生きた学問**を学んでほしい」と語る。

中田昭利コース長

中田コース長は、長年、ディズニー・ミュージック・グループのアジアの責任者として活躍した経験もあり、同社で培ったエンターテインメントにおける**世界ナンバーワンの遺伝子**を学生たちに伝えようとしている。

HSU Face ⑨

髙橋志織さん

（たかはし しおり）

未来創造学部◆好きな授業は「編集・デザイン実習Ⅰ、Ⅱ」。夢はジャーナリスト、小説家。

Q.1
なぜHSUを選んだの？

他大学の法学部への進学も考えたのですが、既存の法律学のあり方に疑問を感じていたため、ゼロから学問を見つめ直すHSUの姿勢に魅力を感じました。

Q.2
1年を振り返って、頑張ったことは？

「人を感動させられる自分になりたい」と目標を立て、演劇サークルで発表したり行事で司会を務めたりし、自分の強みを生かすことができました。

Q.3
HSUのお気に入りポイントは？

いつでも自分の心を見つめられるピラミッド型礼拝堂です。悩みがあるときや心が落ち着かないとき、ここに来て反省すると、心がすっきりします。

Q.4
HSUに来て、成長したことは？

入学式の御法話の質疑応答で、総裁先生に直接質問する機会をいただき、「信頼される人間になることが大事だ」と教えていただきました。それを受け、礼拝堂に通って両親に対する感謝を深めていくと、自分の心の弱さと向き合い、深い反省をすることができるようになりました。

TOPIC　文筆家を目指して、創作活動を続けています！

「YOUNG BUDDHA」※やＨＳＵ出版会で、編集のお手伝いをさせていただき、編集の現場を経験することができました。また、「編集デザイン実習Ⅰ、Ⅱ」の教員の方に、週一回、自分の書いた作品を自主的に提出しに行って、添削していただきました。未来創造学部に行ったら、ジャーナリストとして正しく物事を判断する目を養うとともに、文章技術を磨いて、文章を通して人々に真実を伝えていく人間としての責任感を身につけていきたいと思います。

※ 幸福の科学が発行する学生・青年向け機関誌。

Books Close-UP

大川隆法著作 幸福の科学 大学シリーズ一覧

創立者の大川隆法総裁は2013年以降、幸福の科学 大学シリーズを次々と公開し、新しい学問の枠組みを提示されている。その内容は哲学から未来の産業に至るまで多岐にわたる。

1 新しき大学の理念
2 「経営成功学」とは何か
3 「人間幸福学」とは何か
4 宗教学から観た「幸福の科学」学・入門
5 「未来産業学」とは何か
6 「未来創造学」入門
7 プロフェッショナルとしての国際ビジネスマンの条件
8 仏教学から観た「幸福の科学」分析
9 幸福の科学の基本教義とは何か
10 「ユング心理学」を宗教分析する
11 湯川秀樹のスーパーインスピレーション
12 比較宗教学から観た「幸福の科学」学・入門
13 恋愛学・恋愛失敗学入門
14 「現行日本国憲法」をどう考えるべきか
15 未来にどんな発明があるとよいか
16 もし湯川秀樹博士が幸福の科学大学「未来産業学部長」だったら何と答えるか
17 政治哲学の原点
18 経営の創造

19 法哲学入門
20 究極の国家成長戦略としての「幸福の科学大学の挑戦」
21 経営が成功するコツ
22 早稲田大学創立者・大隈重信「大学教育の意義」を語る
23 人間にとって幸福とは何か
24 青春マネジメント
25 「実践経営学」入門
26 神秘学要論
27 幸福学概論
28 ソクラテスの幸福論
29 キリストの幸福論
30 ヒルティの語る幸福論
31 アランの語る幸福論
32 北条政子の幸福論
33 孔子の幸福論

34 ムハンマドの幸福論
35 パウロの信仰論・伝道論・幸福論
36 八正道の心
37 他力信仰について考える
38 悟りと救い
39 禅について考える
40 日蓮を語る
41 幸福の科学大学創立者の精神を学ぶⅠ（概論）
42 幸福の科学大学創立者の精神を学ぶⅡ（概論）
43 宗教社会学概論
44 「成功の心理学」講義
45 西田幾多郎の「善の研究」と幸福の科学の基本教学「幸福の原理」を対比する
46 仏教的幸福論 ― 施論・戒論・生天論 ―
47 「幸福の心理学」講義

48 「人間学概論」講義
49 「経営成功学の原点」としての松下幸之助の発想
50 財務的思考とは何か
51 外国語学習限界突破法
52 人間学の根本問題
53 日本神道的幸福論
54 国際伝道を志す者たちへの外国語学習のヒント
55 「幸福の科学教学」を学問的に分析する
56 「比較幸福学」入門
57 危機突破の社長学
58 イノベーション経営の秘訣
59 大学生からの超高速回転学習法
60 ロケット博士・糸川英夫の独創的「未来科学発想法」
61 J・S・ミルに聞く「現代に天才教育は可能か」

62 希望の経済学入門
63 卑弥呼の幸福論
64 女性らしさの成功社会学
65 豊受大神の女性の幸福論
66 現代の帝王学序説
67 デカルトの反省論
68 夢に生きる女性たちへ
69 カント「啓蒙とは何か」批判
70 日本人よ、世界の架け橋となれ!
71 ヘレン・ケラーの幸福論
72 ソクラテス「学問とは何か」を語る
73 吉田松陰「現代の教育論・人材論」を語る
74 資本主義の未来
75 緒方洪庵「実学の精神」を語る
76 現代の自助論を求めて
77 老子の幸福論
78 荘子の人生論

(2016年3月現在)

大川真輝著作 幸福の科学 大学シリーズ

大川真輝

大川隆法総裁の次男。幸福の科学において専務理事 兼 事務局長を務める。著作として『ここを読むべき! 大川隆法著作ガイド2015年4~9月度』(幸福の科学出版)、大川隆法総裁との共著として『父が息子に語る「宗教現象学入門」』(同) などがある。

現代の松下村塾 HSUの挑戦
──開学1年 成果レポート

2016年4月7日 初版第1刷

編者 HSU出版会

発行 HSU出版会
〒299-4325 千葉県長生郡長生村一松丙4427-1
TEL (0475) 32-7807

発売 幸福の科学出版株式会社
〒107-0052 東京都港区赤坂2丁目10番14号
TEL (03) 5573-7700
http://www.irhpress.co.jp/

印刷・製本 中央精版印刷株式会社

落丁・乱丁本はおとりかえいたします

ISBN978-4-86395-776-3 C0037

写 真：© Mopic / Shutterstock.com, © argus / Shutterstock.com, © Songquan Deng / Shutterstock.com, © agsandrew / Shutterstock.com, © Sergieiev / Shutterstock.com, © ARCHITECTEUR / Shutterstock.com, © ARCHITECTEUR / Shutterstock.com, © Rise / PIXTA(ピクスタ), © リュウタ / PIXTA(ピクスタ), Daichi Kojima, Haruka Mikami